ro
ro
ro

Die perfekte Frau hat ein perfektes Facebook-Foto, weiß, wie man im angesagtesten Laden der Stadt einen Tisch ergattert, und würde sich nie den Pony selbst schneiden. Und sie ist eine Illusion. Für alle anderen haben die Schwestern Anne-Sophie und Marie-Aldine Girard dieses witzige Buch geschrieben, in dem sie unter anderem verraten, woran man erkennt, dass der attraktive Barkeeper zu jung für einen ist, was man beim Zusammentreffen mit der Exfreundin seines Partners besser nicht sagen sollte und wie man mit Frauen konkurriert, die nur Salat essen.

Anne-Sophie und Marie-Aldine Girard, geboren 1981 in Montpellier, haben ca. 47-mal «Dirty Dancing» gesehen und lieben es, ihre ganz eigene Choreographie dazu zum Besten zu geben. Geht es dagegen ans Kochen, kann es schon mal passieren, dass die Schwestern einen Zweig Basilikum mit einem Maiglöckchen verwechseln.

Anne-Sophie Girard, Marie-Aldine Girard

Haltung bewahren bei voller Trunkenheit

Und andere Tipps für die unperfekte Frau

Aus dem Französischen von Anja Malich

Rowohlt Taschenbuch Verlag

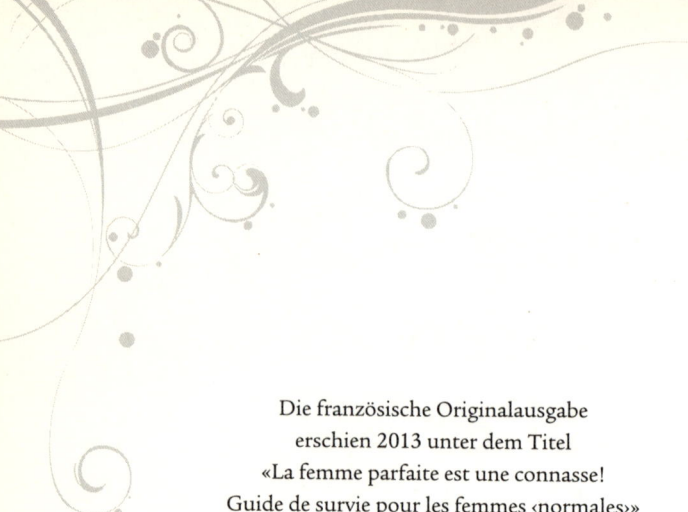

Die französische Originalausgabe
erschien 2013 unter dem Titel
«La femme parfaite est une connasse!
Guide de survie pour les femmes ‹normales›»
bei Éditions J'ai lu

Deutsche Erstausgabe
Veröffentlicht im Rowohlt Taschenbuch Verlag,
Reinbek bei Hamburg, August 2014
Copyright © 2014 by Rowohlt Verlag GmbH,
Reinbek bei Hamburg
«La femme parfaite est une connasse!»
Copyright © 2013 by Éditions J'ai lu, Flammarion Groupe, Paris
Umschlaggestaltung ZERO Werbeagentur, München
(Umschlagabbildung: FinePic, München)
Satz Pinkuin Satz und Datentechnik, Berlin
Druck und Bindung CPI books GmbH, Leck
Printed in Germany
ISBN 978 3 499 61743 0

**Für Maman, Daddy,
die Woo-Girls und all jene,
die aus uns die unperfekten Frauen
gemacht haben, die wir sind.**

«Der Mensch ist nichts anderes
als das, wozu er sich macht.»
Jean-Paul Sartre

«Erfolg heißt,
von Niederlage zu Niederlage zu schreiten,
ohne seinen Enthusiasmus zu verlieren.»
Winston Churchill

INHALTSVERZEICHNIS

◆

Vorwort **13**
Die Theorie «Jetzt ist es eh egal» **16**
Die Theorie «Jetzt ist es eh egal» ist beliebig auf andere Bereiche übertragbar **17**
Die Gesetzmäßigkeit von Ponys **19**
Liste peinlicher Songs, die trotzdem toll sind **21**
Verhaltensregeln, wenn du einen dieser Songs hörst **22**
Michaels Verabschiedung **23**
Woher du weißt, dass du «zu alt für solche Dummheiten» bist **25**
Die Silverdrake-Skala **26**
Wo stehst du selbst auf der Skala von 1 bis 10? **28**
Die perfekte Frau ist eine perfekte Gastgeberin **30**
Typische Sprüche von Zicken **31**
Scheiß-Urlaub **33**
Verfressen sind wir alle! **34**
Die Erdnusstheorie **35**
Die Verkäuferin ist eine Zicke! **37**
Fotoposen **39**
Wie du auf Fotos immer großartig aussiehst **41**
Woher du weißt, dass dein Leben scheiße ist **43**
Haltung bewahren bei voller Trunkenheit **46**
Der Alkoholtest: Welcher Trinktyp bist du? **47**
Ich bin sooo kraaaankkkk! **48**
Sitzschuhe **50**
Wer hält es nachts um 3 Uhr noch auf High Heels aus? **51**

Neid unter Freundinnen **52**
Was du bei deinem Facebook-Profilbild
beachten solltest **53**
Wie du ein englisches Lied mitsingst,
obwohl du den Text nicht kannst **54**
Selbst in der eigenen Sprache ist es nicht ohne **55**
Der Jeanstest **56**
Ich bin eine Prinzessin, und Prinzessinnen
kacken nicht **58**
Wie du dich angesichts eines hässlichen Babys
verhalten solltest **59**
Die Grünpflanzen perfekter Frauen gehen nicht ein **60**
Was niemand gern zugibt **62**
Was du nicht gern zugibst (zum Selbstausfüllen) **64**
Die Theorie «Abblätternder Nagellack» **65**
Wie du dich gegenüber der neuen Freundin
deines Ex verhalten solltest **66**
Schlampe oder nicht? **67**
Welche Sorte Schlampe bist du? **68**
… fügt Ihnen und den Menschen in Ihrer Umgebung
erheblichen Schaden zu **70**
Was in Diskos tabu ist **72**
Das ist selbstgemacht! **73**
Die Theorie «Scarlett Johansson» **75**
Selber Zicke **77**
(Fast) korrekte Ausdrucksweisen **79**
Fünf Portionen Obst und Gemüse am Tag **80**
SMS-Zeichensprache **82**
Übersetzung SMS–Deutsch **83**
Wie du eine Freundin öffentlich bloßstellst **84**
Ab morgen treibe ich Sport! **86**

Facebook oder «Wie sie uns glauben machen,
sie würden ein geniales Leben führen» **88**

Der Kaffeemaschinenkomplex **89**

Freitag kann ich nicht ... Da läuft *The Voice* **90**

Ich komme allein zurecht **91**

Ich brauche UN-BE-DINGT eine Brotmaschine! **93**

Verunglückte Geschenke **94**

Die Wahrheit über Geschenke **95**

Liste von Geschenken, die tabu sind **96**

Perfekte Mütter **98**

Was?! Du hast den Kassenbon nicht aufgehoben? **100**

Silvester ist und bleibt eine frustrierende
Angelegenheit **101**

Da da dada, da da dada **102**

Stimmungsmacher **103**

Wer hat hier gerade gefurzt? **104**

Frauen, die nur Salat essen **106**

Betrunkene SMS sind tabu **107**

Der Schulstar altert schlecht **108**

Hommage **109**

Meg Ryan ist schuld **110**

Perverserweise anziehend **112**

Profilbildanalyse Männer **114**

Missglückte Dates **115**

Schwul oder nicht? **117**

Der Shark **119**

Wie du bei einem Typen Eindruck schindest **120**

Ein Veto einlegen **121**

Ausnahmen vom Vetorecht **122**

Merkzettel für Mädchen,
die Männer besser verstehen wollen **125**

Die Methode Gleichgültigkeit **127**
Du lässt ihn schmoren **130**
Die Drei-Tage-Regel **131**
Woher du weißt, dass ein Typ zu jung für dich ist **134**
Sollte der erste Abend im Bett enden? **135**
Warum bin ich eigentlich mit ihm ins Bett gegangen? **136**
Der Halbfette **138**
Macht nichts, das passiert jedem mal **140**
Die Rückkehr der Scham **141**
Sag mir, wie viele Sexualpartner du hattest, und ich sage dir, wer du bist **142**
Liste der Sexualpartner **143**
Deine «Partner»-Liste **144**
Ich liebe dich, mein Schlappschwänzchen **146**
Hilfe, mein Freund trägt Crocs! **147**
T-Shirts mit humoristischen Sprüchen sind grundsätzlich verboten **149**
Die Beckhams sind blöd **151**
Hilfe, mein Freund ist geizig! **152**
Soll er heute seinen Spaß haben **155**
Liste der Fragen, die du nicht stellen solltest, wenn du die Antworten nicht hören möchtest **159**
Huch, ich habe ihn betrogen! **160**
Woher du weißt, dass er dich verlassen wird **161**
Hurt me once, shame on you! Hurt me twice, shame on me! **163**
Beispiele, um per SMS Schluss zu machen **165**
Huch, ich wurde betrogen! **167**
Beziehungsende: die sieben Trauerphasen **170**
Beziehungsende: unsere sieben Trauerphasen **172**
Ex-Verhaltenskodex **173**

VORWORT

◆

Dieses Buch ist eine Anleitung für die unperfekte Frau. Für die Frau, die wir alle sind! Eine normale Frau mit Schwächen, Fehlern und Macken (wenn man von Macken sprechen möchte).

Wir alle haben unser Leben damit verbracht, so sein zu wollen wie die Frauen in den Magazinen, Fernsehserien und romantischen Komödien oder einfach wie die, denen wir im Alltag begegnen und die uns den Eindruck vermitteln, alle erfolgreicher zu sein als wir. Was natürlich dazu führt, dass wir uns total minderwertig fühlen ...

Und dabei haben wir uns so bemüht! So viele Opfer haben wir erbracht, so viele Stunden versucht, besser zu sein – und genau darin liegt der Fehler: versucht zu haben, perfekt zu sein!

Lasst euch eins gesagt sein: Die perfekte Frau ist eine Zicke! Mit diesem Buch wollen wir erreichen, dass ihr euch nicht mehr schlecht fühlt! Wir zeigen Wege auf, mit der eigenen Unvollkommenheit wunderbar zurechtzukommen. (Und ganz nebenbei kann das Buch auch Männern helfen, uns besser zu verstehen!) Vielleicht wirst du dich nicht in allen Kapiteln wiederfinden, aber du wirst dich wiederfinden, dessen sind wir uns sicher.

Perfekt werden wir niemals sein, und das ist gut so!

Regel Nr. 1

♦

Zeige beim Friseur nie mehr das Bild eines blond gelockten Models, wenn du selbst mit dünnem braunem Haar gesegnet bist.

DIE THEORIE «JETZT IST ES EH EGAL»

◆

Jeden Montagmorgen nimmst du dir vor: «Diese Woche passe ich auf!» Doch dann lächeln dich im Büro die Schokoladencroissants an. Und schon ist es um dich geschehen! Du sagst dir: «Ein Schokocroissant ist kein Problem.»
Das stimmt! Wenn nicht in dem Moment dein fehlgesteuertes Hirn dächte: «Jetzt ist es eh egal ...»

«Jetzt ist es eh egal, ich nehme mir noch ein zweites Schokocroissant!»
«Darf ich deine Pommes aufessen?! Was?! Alles gut! Jetzt ist es eh egal ...»
«Mist, ich habe aus Versehen Zucker in meinen Kaffee getan, ach, jetzt ist es eh egal, ich bestelle mir noch ein Bananensplit dazu!»*

> Sieh die «Jetzt ist es eh egal»-Theorie nicht als deine Gegnerin an! Im Gegenteil, sie soll dir helfen, von Zeit zu Zeit zu sündigen, ohne dass du dich allzu schuldig fühlst. Und ist das nicht das Allerwichtigste?

---

* Vgl. Kapitel «Verfressen sind wir alle!», S. 34.

DIE THEORIE «JETZT IST ES EH EGAL» IST BELIEBIG AUF ANDERE BEREICHE ÜBERTRAGBAR

◆

«Ich werde eine Stunde zu spät bei der Arbeit sein ...»
Jetzt ist es eh egal, dann gehe ich heute gar nicht.

«Ich war diese Woche nicht im Fitnessstudio ...»
Jetzt ist es eh egal, dann brauche ich mich den Rest des Jahres auch nicht mehr hinzuquälen.

«Ich habe mir ein Kleid gekauft, obwohl ich pleite bin ...»
Jetzt ist es eh egal, dann nehme ich die passenden Schuhe und die Tasche auch noch dazu.

«Ich habe im Handy meines Freundes nachgeschaut, wer ihn gerade angerufen hat ...»
Jetzt ist es eh egal, dann kann ich auch gleich seine SMS lesen.

«Ich habe mir einen Fingernagel abgebrochen ...»
Jetzt ist es eh egal, dann kann ich die anderen auch abkauen.

«Ich habe den Typen geküsst ...»
Jetzt ist es eh egal, dann kann ich auch gleich mit ihm schlafen.

«Ich habe einmal an der Zigarette gezogen ...»
Jetzt ist es eh egal, dann kann ich auch die ganze Schachtel rauchen.

«Ich habe dem Typen eine blöde SMS geschrieben, und er hält mich jetzt bestimmt für eine Psychopathin ...»
Jetzt ist es eh egal, dann kann ich ihm auch noch eine Nachricht auf der Mailbox hinterlassen und ihm ein Post-it an die Wohnungstür kleben.

«Ich habe bei einer Reality-TV-Show mitgemacht ...»
Jetzt ist es eh egal, dann kann ich mich auch nackt für das Cover vom *OK!-Magazin* ablichten lassen.

DIE GESETZMÄSSIGKEIT VON PONYS

◆

Das Leben einer Frau ist von verschiedenen Phasen geprägt, und dem Eintritt ins Erwachsenenalter gehen mehrere Initiationsriten voraus. Der berühmteste dieser Riten ist wohl:

Der Ponyritus

Phase 1:
In einer Zeitschrift sehen, dass Kate Moss jetzt einen Pony trägt.

Phase 2:
Sich mit einer Schere bewaffnet ins Badezimmer begeben.

Phase 3:
Sich selbst einen Pony schneiden.

Phase 4:
Angesichts des Resultats heulen.

Phase 5:
Deinen Freund/die Schwester/die beste Freundin anmaulen: «Wie konntest du nur zulassen, dass ich so was tue!»

Phase 6:
Eine Statusmeldung auf Facebook zu dem Thema schreiben.

Anmerkung der Autorinnen: Ein Frisurnotfall ist als «Notfall von höchster Dringlichkeit» einzustufen.

Regel Nr. 2

♦

*Täusche nie mehr eine Schwangerschaft vor,
nur um im Bus einen Sitzplatz zu ergattern.*

LISTE PEINLICHER SONGS, DIE TROTZDEM TOLL SIND*

◆

- *Wannabe*, Spice Girls
- *Ice Ice Baby*, Vanilla Ice
- *Believe*, Cher
- *I'm So Excited*, Pointer Sisters
- *Sex Bomb*, Tom Jones
- *Wake Me Up Before You Go-Go*, Wham!
- *Like a Prayer*, Madonna
- *Baby One More Time*, Britney Spears
- *Fame*, Irene Cara
- *Tainted Love*, Soft Cell
- *The Time of My Life*, Bill Medley und Jennifer Warnes
- *Black or White*, Michael Jackson
- *Drop It Like It's Hot*, Snoop Dogg

Und das Berühmteste von allen:
- *I Will Survive*, Gloria Gaynor

---

* Diese Liste erhebt keinen Anspruch auf Vollständigkeit und hat zu hitzigen Diskussionen zwischen den Beteiligten geführt. Die Zukunft wird zeigen, wer recht behält ...

VERHALTENSREGELN, WENN DU EINEN DIESER SONGS HÖRST

◆

- «Ich liebe diesen Song!» brüllen.
- Die Arme hochreißen und kreischen: «Juhu!!»
- Auf einen Stuhl/Tisch/eine Bühne steigen.
- Die beste Freundin anrufen, um sie mithören zu lassen, und anschließend fragen: «Und? Erkennst du den Song??! ...»[*]
- Sich an den Händen halten und hysterisch hüpfen.
- Das Ende jeder Zeile sehr laut mitsingen.
- Eine Statusmeldung auf Facebook schreiben: «Haaa! Habe gerade (Titel des Liedes) gehört. Einfach suuuuupi!!!»
- Vor dem Spiegel Playback singen.
- Zum DJ gehen und ihm sagen, dass er megageil ist!!!
- Der besten Freundin gerührt in die Arme fallen, weil dies «unser Lied» ist.
- Mit «der berühmt-berüchtigten Choreographie» beginnen (die zuvor im Wohnzimmer der Freundin einstudiert wurde und auf jeden Fall einen «Bodenteil» und/oder eine «Hebefigur» beinhaltet).

---

[*] Eine vertrauliche Studie kommt zu dem Ergebnis, dass keine Freundin den Song je erkannt hat!

MICHAELS VERABSCHIEDUNG

◆

Wir alle haben so einen Kollegen, den wir hier Michael nennen wollen (weil es ein typischer Vorname für einen Kollegen ist. «Darf ich dir meinen Kollegen Michael vorstellen?» Klingt das nicht allzu vertraut?) Und jener Michael geht nun endlich in den wohlverdienten Ruhestand.

Tipps und Tricks für seine Verabschiedung:
- Selbst das Geld für das Abschiedsgeschenk einsammeln, damit niemand merkt, dass du dich nicht beteiligst.
- Die 30 Euro von Sandrine nehmen, fünf Euro dazulegen und beim Übergeben der 35 Euro behaupten: «Das ist von Sandrine und mir.»

In diesem Sinne:
- Nur Leuten etwas zum Geburtstag schenken, von denen du dir ebenfalls etwas erwarten kannst.
- Wenn es im Restaurant ans Bezahlen geht, die Aufgabe übernehmen, das Geld einzusammeln. Wenn du Glück hast, ist die Rechnung bereits beglichen, bevor du deinen Anteil dazugelegt hast, weil einige Leute Trinkgeld geben oder aufrunden.

Vorsicht! Bedenke, dass einige Leute immer vergessen, Wein und Kaffee mit einzurechnen. Deshalb gehst du das Risiko ein, letztendlich deutlich mehr als deinen Anteil zu zahlen ...

WOHER DU WEISST, DASS DU «ZU ALT FÜR SOLCHE DUMMHEITEN» BIST

◆

Weil du Folgendes nicht mehr tust, wenn du abends ausgehst:
- Freitag- *und* Samstagabend unterwegs sein.
- in einem nuttigen Outfit tanzen gehen.
- eine Whisky-Cola-Mischung in der Plastikflasche «für den Weg» dabeihaben.
- auf dem Parkplatz vor dem Club schon mal einen Drink zur Einstimmung nehmen.
- fast erfrieren, um das Geld für die Garderobe zu sparen.
- auf ein Rapkonzert gehen, bei dem es natürlich nur Stehplätze gibt.
- (überhaupt) auf ein Rapkonzert gehen.
- in einem Club auf den Tresen steigen.
- an einem Bier-Wetttrinken teilnehmen.
- Billig- oder Starkbier trinken (am besten noch lauwarm).
- in einer Bar die Getränke der anderen leeren, weil du dir selbst keinen Tequila leisten kannst.
- dich während des Cluburlaubs in einen Animateur verlieben.
- bis 5.30 Uhr am Morgen warten, um den ersten Bus nach Hause nehmen zu können.
- dich nach einer langen Nacht zu Hause einer Fressattacke hingeben (ohne auch nur ein Gramm zuzunehmen).
- bei einem Kumpel auf dem Boden schlafen.
- im Auto schlafen.
- die Nacht durchmachen.

DIE SILVERDRAKE-SKALA

◆

Innerhalb der Menschheit gibt es eine hierarchische Ordnung. Der eigene Platz und der anderer in dieser Ordnung kann mit Hilfe einer simplen Skala von eins bis zehn bestimmt werden.
Niemand weiß genau, seit wann diese Skala Anwendung findet, doch es gibt Hinweise, die bis ans Ende der ersten Eiszeit zurückführen.

Ein kleiner Ausflug in die Geschichte …
Bisweilen wird diese Skala auch als «Silverdrake-Skala» oder gar «Silverdrake-Gesetz» bezeichnet.
Der Legende zufolge heiratete Bobby Silverdrake, ein junger Bauer aus Minnesota, dem jeglicher natürlicher Charme fehlte (Note 5 auf der Skala) die schöne Kelly Newman (eine 9, auf ihrem Abschlussball zur Ballkönigin gewählt).
Im Sommer 1962 (es war ein brütend heißer Sommer) rettete Bobby das Leben des Schweins der Newmans. Piggy drohte im Tümpel der Farm zu ertrinken …
Bobby wurde zum Helden! Und damit zur 8.
Niemand weiß, ob die Legende stimmt, aber auf jeden Fall gibt sie jeder 5 dieser Welt Hoffnung.

Du solltest dich immer wie die Note auf der Skala verhalten, die du sein willst, und nicht wie die, die du angeblich bist. Als 6 solltest du dich also wie eine 7 verhalten!

Und nie solltest du vergessen, dass nichts in Stein gemeißelt ist und sich deine Note jederzeit ändern kann! Denke an Bobby Silverdrake ...

WO STEHST DU SELBST
AUF DER SKALA VON 1 BIS 10?

◆

Sich selbst einzuschätzen ist schwer. Deshalb solltest du dir von deinem Umfeld helfen lassen:
«Wenn du mir eine Note von eins bis zehn geben müsstest, wo würde ich deiner Meinung nach stehen?»*

Wie berechnet man seine Note?
Zahl, die man sich selbst gibt
+ Note, die dir jemand aus deinem Umfeld gibt
geteilt durch 2
=
realistische Note

---

* Aufgepasst, sei auf alles vorbereitet! Zu erfahren, dass eine Freundin dich als 2 sieht, während du dich selbst für eine 8 gehalten hast, ist traumatisch.

Einige Grundregeln:

✦ Eine 6 kann mit jemandem zusammen sein, der eine 5 oder darüber ist.
✦ Wenn eine 6 mit einer 8 zusammen ist, wird sie automatisch zu einer 7 (Mittel aus der eigenen Note und der des Partners).
✦ Auch andersherum trifft das zu: Eine 9, die mit einer 7 zusammen ist, wird automatisch zu einer 8.
✦ Eine gute 5 ist manchmal mehr wert als eine schlechte 6.
✦ Im richtigen Licht kann eine 6 schnell zu einer 7 werden (und umgekehrt).

DIE PERFEKTE FRAU IST
EINE PERFEKTE GASTGEBERIN

◆

Wenn die perfekte Frau Gäste empfängt, kocht sie den ganzen Tag, deckt den Tisch mit kleinen Tellern auf großen, und ihre Einrichtung sieht aus wie aus *Schöner Wohnen*.
Wenn du Leute einlädst, sagst du hingegen die ganze Zeit: «Bitte macht euch nichts aus diesem Chaos!» Außerdem hast du selten zwei gleiche Gläser parat (es gilt, sich zwischen Bob der Baumeister und Hello Kitty zu entscheiden) und nichts zu essen vorbereitet, denn: «Eating is cheating!»

Selbst wenn du nur zum «gemütlichen Beisammensein» geladen hast, musst du immer damit rechnen, dass sich die perfekte Frau ihr Urteil bilden wird!

TYPISCHE SPRÜCHE VON ZICKEN

◆

«Hat was, so eine kleine Wohnung! Viel gemütlicher als mein Loft!»
Vor allem viel billiger!

«Oh, du hast Champagner mitgebracht! Ach, das ist Sekt? Na ja, die Geste zählt ...»
Hätte ich das gewusst, wäre ich mit Wein aus dem Tetrapak gekommen.

«Ach Quatsch, natürlich ist das genug Surimi! Ich esse abends sowieso nicht viel.»
Ja, die perfekte Frau bleibt immer höflich.

«Ich glaube, der Dip ist nicht selbst gemacht. Das gibt Punktabzug für Veronique!»
Die perfekte Frau vergisst dauernd, dass sie nicht in der Fernsehsendung «Das perfekte Dinner» sitzt.

«Der Fußboden ist gerade neu verlegt, stört es dich sehr, Pantoffeln anzuziehen?»
Kein Kommentar

Regel Nr. 3

Natürlich musst du die neue Freundin des Ex deiner besten Freundin hassen!

SCHEISS-URLAUB

✦

Immer wieder hast du den Eindruck, alle anderen verbringen durchweg geniale Urlaube an paradiesischen Orten und mit Superleuten.

FALSCH!

Jeder von uns hat schon mal einen Scheiß-Urlaub verbracht oder wird es eines Tages tun.

Beispiele:
- einen Einführungskurs in die hohe Kunst des Lachens
- eine Kanalwanderung
- zwei Wochen mit Michael (vgl. S. 23) in einem Ferienhaus
- allein in einem Freizeitpark
- ein Besuch einer idyllischen Schlucht in strömendem Regen
- drei Tage in einem Autobahn-Motel
- eine Rundtour durch eine stillgelegte Industrieregion

Typische Sprüche von Zicken zu diesem Thema:
«Wenn man nicht bei Einheimischen übernachtet, lernt man das Land überhaupt nicht richtig kennen.»
«Komisch, du bist gar nicht braun geworden.»
«Du warst einen Monat in Thailand und sprichst nicht fließend Thailändisch?»

VERFRESSEN SIND WIR ALLE!

◆

Sind wir auf Diät, ist das in uns schlummernde Biest dazu in der Lage, nachts aus dem Bett zu steigen und im Schlafanzug stundenlang durch die eiskalte Wohnung zu tigern, nur um irgendwo ein Stück Käse oder eine Tafel Schokolade aufzutreiben.

Da du weißt, wie du bist, schmeißt du den Rest des Schokoladenkuchens gleich weg, um ihn nicht später in dich hineinzustopfen.

FALSCH!

**In den Müll schmeißen genügt nicht.
Unerlässlich ist, den Müll auch rauszubringen!
Denn nicht wenige unserer Leidensgenossinnen sind
so weit gegangen, den Kuchen aus den Tiefen des
Mülleimers wieder hervorzuholen!!**

Tipp: Bleichmittel auf das Objekt der Begierde kippen, damit es ungenießbar wird. (Siehe Miranda aus *Sex and the City*, die Geschirrspülmittel über einem Schokoladenkuchen ausleert.)

DIE ERDNUSSTHEORIE

✦

Das Schälchen mit den Erdnüssen zum Wein oder Bier sollte mindestens 80 Zentimeter von dir entfernt platziert sein, um der Versuchung erfolgreich widerstehen zu können!

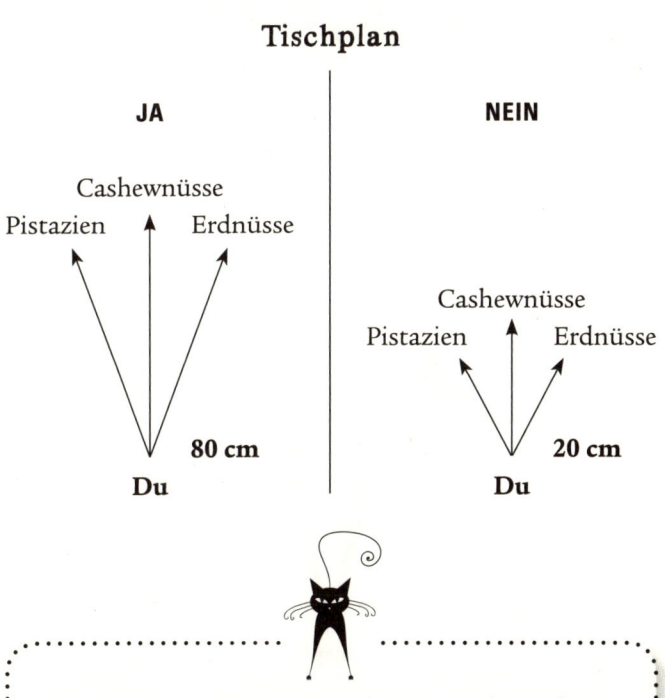

Ebenso ist im Restaurant die Dessertkarte kategorisch abzulehnen, ja, nicht einmal «ein kurzer Blick hineinzuwerfen»!!

Regel Nr. 4

♦

*Verkneife dir in der Öffentlichkeit den Ausspruch:
«Spongebob finde ich sexy!»*

DIE VERKÄUFERIN IST EINE ZICKE!

◆

- Wenn du nach Größe 40 fragst und sie sich erdreistet zu antworten: «Ach, das tut mir leid, die großen Größen waren sofort weg.»
- Wenn ihre Kleidung an einen Kartoffelsack erinnert, sie aber die Chuzpe hat, dir den Mantel, in den du dich verliebt hast, mit den Worten zu reichen: «Ich habe mir denselben genommen!»
- Wenn sie zu dir sagt: «Den gibt es nur noch in den Größen 32 und 34.»
- Wenn sie dir mitteilt, das Sonderangebot gelte seit heute Morgen nicht mehr.
- Wenn sie sich weigert, einen Artikel zurückzunehmen, weil du das Preisschild abgemacht hast.
- Wenn sie verkündet: «In Leder ist er aber viel teurer», und dich dabei herausfordernd ansieht.
- Wenn sie dir die Tür vor der Nase zuschließt, nachdem du die Stadt im Laufschritt durchquert hast, denn «19 Uhr ist 19 Uhr!».
- Wenn sie dir zu verstehen gibt, dass du in einer Nobelboutique nichts verloren hast.[*]
- Wenn du nach Schuhgröße 41 fragst und sie antwortet: «Ach, das tut mir leid, aber dieses Modell gibt es nur für Damen.»

[*] Vgl. *Pretty Woman*.

✦ Wenn ihr etwas verdammt gut steht, das du selbst gerade anprobiert hast, du dir darin aber vorkamst wie der letzte Dorftrampel.

In solchen Fällen kann man nur feststellen:
Diese Verkäuferin ist eindeutig eine Zicke!

FOTOPOSEN

✦

Für Gruppenaufnahmen gibt es bestimmte Posen, die jeder kennt. Wir wollen sie hier kurz in Erinnerung rufen:

👍 Empfohlen:
- Zwinkern
- erhobener Arm
- Kussmund

👎 Verboten:
- Daumen nach unten
- Victory-Zeichen
- Hasenohren
- jegliche anzügliche Geste

An der Harmonie einer Gruppenaufnahme lässt sich die Homogenität einer Gruppe ablesen, deshalb: keine Eigeninitiativen!

- Sprecht euch vorher ab. Eine alberne Grimasse auf einem «schönen» Gruppenfoto versaut das ganze Bild.
- Lass dich niemals zu einer Gruppenaufnahme im Bikini hinreißen, sofern nicht wenigstens eine Frau vollschlanker ist als du.
- Also: Achte beim Bewerten der Fotos auch auf die anderen! Wenn du begeistert rufst: «Das Bild ist super!», obwohl du die Einzige bist, deren Augen nicht geschlossen sind, kommt es gar nicht gut an.

WIE DU AUF FOTOS IMMER GROSSARTIG AUSSIEHST

◆

Die perfekte Frau beherrscht natürlich auch weniger bekannte Tricks:

Der «Mariah Carey»
Hinter dem «Mariah Carey»-Trick verbirgt sich der «Armtrick».
Lege die Hand an die Hüfte, sowie du dich vor ein Objektiv begibst. Wenn du jetzt den Ellbogen nach hinten ziehst, wirkt dein Arm deutlich dünner.

Der «Karl Lagerfeld»
Für den «Karl Lagerfeld»-Trick musst du die Zunge an den Gaumen legen, während das Foto gemacht wird. Der Effekt ist nicht unmittelbar sichtbar, aber so vermeidest du ein Doppelkinn.

Der «Dicke Oberschenkel»
Beim «Dicke Oberschenkel»-Trick wird sofort deutlich, worum es geht. Wenn du auf Fotos (im Sitzen) dicke Oberschenkel vermeiden willst, musst du die Beine leicht anheben.

Anmerkung: Die Autorinnen bitten anzuerkennen, dass sie mit der Veröffentlichung dieser wertvollen Hinweise nicht nur großherzig, sondern auch sehr vertrauensvoll handeln.
Sie sind also entsprechend zu würdigen!

WOHER DU WEISST, DASS DEIN LEBEN SCHEISSE IST

◆

- Wenn du deine Mahlzeiten allein vor dem Spiegel einnimmst.
- Wenn du mit deiner Katze Geburtstag feierst.
- Wenn du an Neujahr nur eine einzige SMS bekommst ... und die von deinem Telefonanbieter ist.
- Wenn du Flächen und Einwohnerzahlen aller Bundesländer aufsagen kannst.
- Wenn dein einziger Freund auf MySpace TOM ist.
- Wenn du überhaupt noch auf MySpace bist.
- Wenn du deinen Samstag nach dem Fernsehprogramm planst.
- Wenn du dir für Sonntag in den Kalender geschrieben hast: «Gefrierschrank abtauen».
- Wenn du deine Überraschungseifigurensammlung in einer beleuchteten Vitrine aufbewahrst.
- Wenn das Maskottchen der vorletzten Fußballweltmeisterschaft an deinem Rückspiegel baumelt.
- Wenn du dir alle Folgen von *Walker, Texas Ranger* auf DVD zugelegt hast.
- Wenn du dafür trainierst, einen Rekord zu brechen (egal welchen).
- Wenn du von den Kindern in der Nachbarschaft als «die komische Frau mit den Katzen» bezeichnet wirst.
- Wenn dich deine Tochter in der Öffentlichkeit siezt.

- Wenn dein Hund immer drei Meter hinter dir geht.
- Wenn dich jemand fragt, der seit sechs Jahren dein Kollege ist: «Arbeiten Sie auch hier?»

Regel Nr. 5

◆

Trage grundsätzlich keinen weißen Mantel. (Warum nicht?! Weil bei Frauen wie uns sogar schwarze Ärmel ziemlich schnell schmutzig werden!)

HALTUNG BEWAHREN BEI VOLLER TRUNKENHEIT

✦

Wenn es an einem feuchtfröhlichen Abend, auf einem Empfang oder einer Geburtstagsfeier mal wieder so weit ist und du dir eingestehen musst, obwohl du gar nicht richtig gemerkt hast, wie es dazu kommen konnte:
Ich bin total besoffen!

Verhaltensregel Nr. 1:
Vermeide beim Sprechen, zu nah an andere heranzukommen oder ihnen ins Gesicht zu atmen.

Verhaltensregel Nr. 2:
Da es mit deinem Gleichgewichtssinn nicht mehr weit her ist, denke daran, dir jedes Hilfsmittel zunutze zu machen: den Tresen, die Wand, den Türsteher.

Verhaltensregel Nr. 3:
Nicht noch lallend darauf hinweisen: «Ich bin besoffn! Ha! Ha! Total blau!» Das sieht man auch so!

Die verschiedenen Etappen eines feuchtfröhlichen Abends

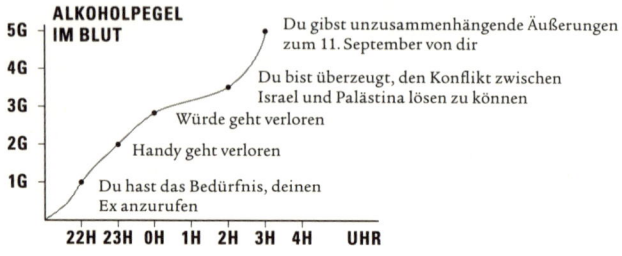

DER ALKOHOLTEST: WELCHER TRINKTYP BIST DU?

◆

(nur für Frauen, die trinken*)

Du trinkst Alkohol:
A. nur an Silvester
B. manchmal am Wochenende
C. nur an Tagen, die auf «g» enden

Du bestellst:
A. einen Kir mit Himbeersirup
B. eine Ampel: Mexikaner, Tequila, Absinth
C. egal, du bist eh schon besoffen

Du bist bisweilen:
A. beschwipst
B. blau
C. allein in einem heruntergekommenen Motelzimmer und in einem T-Shirt mit der Aufschrift «Welcome in Minnesota» aufgewacht

Ergebnis: Nicht wichtig, wir wollten einfach nur mal einen Test machen. Außerdem war es eine gute Gelegenheit, die Worte «beschwipst» und «Minnesota» in diesem Buch unterzubringen.

* Wie übrigens ein Großteil dieses Buches.

ICH BIN SOOO KRAAAANKKKK!

◆

Schön, gestylt, die Nase nur einen Hauch gerötet ... Die perfekte Frau weiß ihre Würde zu wahren, auch wenn sie krank ist. Man kann sie sich genau vorstellen, wie sie in einem hübschen Pyjama und mit dicken Wollsocken an ihrem Kräutertee nippt, weil sie kein anderes Medikament an sich heranlässt. Du dagegen bist total zugeschwollen, hast rote Kaninchenaugen und einen Gesichtsausdruck, der verheißt: «Versetzt mir den Gnadenstoß!»
Du bist kraaaankkkk, und das sieht man!

In uns allen schlummert eine Hypochonderin:
«Was?! Natürlich gibt es Ellbogenkrebs!!»
«Zu Weihnachten schenke ich mir selbst eine Kernspintomographie.»
«Auch wenn ihr es mir nicht glaubt, ich bin davon überzeugt, dass bei mir gestern ein Aneurysma geplatzt ist.»

Regel Nr. 6

◆

Beginne nie mehr einen Satz mit:
«Also, ich war total besoffen und ...»

SITZSCHUHE

◆

Wir alle lieben High Heels! Leider stößt diese Liebe nicht auf Gegenliebe! Wie machen perfekte Frauen es nur, Absatzschuhe einen ganzen Abend lang zu tragen? Während wir nach spätestens zwei Stunden Zehen wie Cocktailwürstchen haben …

Die Frau, die behauptet: «Für mich sind diese Schuhe so bequem wie Pantoffeln!», lügt!

Reden wir Klartext:
- ✦ Selbst Louboutins schmerzen an den Füßen!
- ✦ Wir lassen uns nicht weismachen, dass Victoria Beckham vom Zwölf-Zentimeter-Absätze-Tragen nicht total verkrüppelte Füße hat (Ballen, Hühneraugen …).
- ✦ Frauen, die sich auf hohen Absätzen wohlfühlen, sind grundsätzlich kleiner als 1,60 Meter*!

---

* Genauer gesagt zwischen 1,55 und 1,59 Meter klein, auch wenn in ihrem Ausweis 1,60 Meter steht.

WER HÄLT ES NACHTS UM 3 UHR NOCH AUF HIGH HEELS AUS?

◆

Je fortgeschrittener der Abend, desto unwahrscheinlicher, dass man die hohen Absätze anbehält! Wer sind die Frauen, die sie am Ende noch tragen?

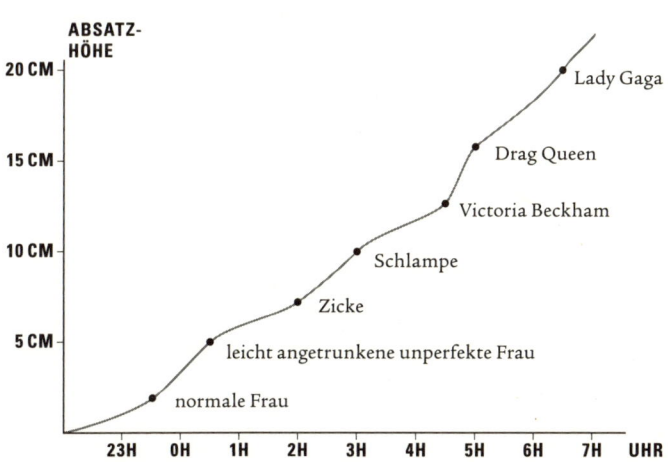

Wissenschaftliche Erhebung zu High Heels

NEID UNTER FREUNDINNEN

◆

Neid unter Freundinnen ist menschlich. Machen wir uns nichts vor. Wer noch nie auf eine Freundin neidisch war, ist nicht normal, und du kannst dir sicher sein, dass es auch eine Freundin gibt, die auf dich neidisch ist ...

- ◆ Wer hat noch nie nach den Ferien zufrieden festgestellt, dass die Freundin deutlich weniger braun ist als man selbst?
- ◆ Wer hat noch nie angefangen, eine Diät zu machen, nur weil die Freundin fünf Kilo abgenommen hat?
- ◆ Wer hat sich als Single-Frau noch nicht gefreut, wenn sich eine Freundin von ihrem Freund getrennt hat: «Endlich wieder eine, mit der ich ausgehen kann!»
- ◆ Wer war noch nie stolz, wenn ein Typ sie der Freundin vorgezogen hat?
- ◆ Wer hat noch nie insgeheim gegrinst, weil die Freundin drei Kilo zugenommen hat?
- ◆ Wer hat noch nie zu einer Freundin gesagt, dass sie in einem Kleid super aussehe, auch wenn es eigentlich wie eine Wurstpelle saß?

Wenn du auf alle Fragen mit «Ich!» geantwortet hast, schwindelst du entweder, oder du bist eine Zicke ... Und ehrlich gesagt fällt es schwer zu entscheiden, was schlimmer ist!

WAS DU BEI DEINEM FACEBOOK-PROFILBILD BEACHTEN SOLLTEST

✦

Denk daran, es ist der erste Eindruck, den Leute von dir bekommen, die du seit 15 Jahren nicht gesehen hast. Bei der Auswahl solltest du also strategisch außerordentlich bedacht vorgehen.* Entscheide dich für ein Bild, auf dem du gespielt mysteriös und einigermaßen sexy daherkommst, sodass folgende Botschaft rüberkommt:
«Schaut her! Ich bin eine freie und weltoffene Frau!»

Fotos, die unbedingt zu vermeiden sind:
- ✦ ein Bild im Bikini. Dann kannst du dir auch gleich ein Schild mit der Aufschrift «Schlampe» umhängen.
- ✦ ein Bild mit Partner, es sei denn, er ist wirklich hot!
- ✦ ein Bild mit deiner Katze, schon gar nicht, wenn sie bereits tot ist …

> Auf keinen Fall ein allzu geschöntes Foto einstellen! Sonst ist die Enttäuschung bei einem realen Treffen vorprogrammiert.

---

* Vgl. Kapitel: «Wie du auf Fotos immer großartig aussiehst», S. 41.

WIE DU EIN ENGLISCHES LIED MITSINGST, OBWOHL DU DEN TEXT NICHT KANNST

◆

Möge diejenige den ersten Stein werfen, die noch nie laut «*försteiwoseinfredeiwospetriveit*»* mitgesungen hat! Oft singen wir irgendein Kauderwelsch**, aber das Wichtigste ist sowieso, das Ende einer Liedzeile zu kennen.

> «*Lalalala ... I was petrified ...
> Lalalalalala ... By my side ...*»

Dabei ist es unerlässlich, überzeugt und leidenschaftlich zu klingen! Auf keinen Fall darfst du anfangen zu zweifeln! Einfach drauflosträllern und dabei immer bedenken, dass die Leute um dich herum den Text wahrscheinlich auch nicht kennen.

> In anglophonen Ländern besser zu vermeiden, weil du dich sofort verrätst, was sowohl für dich als auch für die Leute, mit denen du unterwegs bist, sehr peinlich sein kann.

* Sorry, Gloria Gaynor.

** Nach Stupidedia: «Kauderwelsch ist sehr verbreitet. Es wird auf der ganzen Welt gesprochen und nicht verstanden. [...] Die Aussprache des Kauderwelschs ist einzigartig und macht seine spezielle Würde aus.

SELBST IN DER EIGENEN SPRACHE IST ES NICHT OHNE

◆

Bisweilen nähert sich der Text dem Original bestenfalls an, wenn wir singen: «99 Kriegsminister, Streichholz und Benzinkanister» von Nena wird zu «99 Kriegsminister streichelten Benzinkanister».
«Stirb jung, stirb, so früh es geht» von den Ärzten wird zu «Shalom, stirb, so früh es geht».
«Bin ich so 'n oller Baum?» wird zu «Bin ich Sohn aller Fraun?» (aber bei Grönemeyer ist es auch schwierig).
«Jede Nacht um halb 1, wenn das Fernsehen rauscht» von Rio Reiser wird zu «Jeder lacht um halb 1».
«Wir werden uns was borgen» von Westernhagen wird zu «Wir werden wieder morgen».

> Manchmal kann es auch von Vorteil sein, nicht zu wissen, was man singt, weil die Übersetzung einiger Lieder schlichtweg enttäuschend ist:
> «Mach es, mach es da oben, mach es, mach es da oben, bleib auf der Bühne, mach es wie eine Sexmaschine, mach es da oben.»
> *Sex Machine* von James Brown auf Deutsch

DER JEANSTEST

♦

Wir alle haben in unserem Kleiderschrank eine sogenannte Referenzjeans. Auch du hast wahrscheinlich eine Jeans, die du von Zeit zu Zeit anprobierst, um festzustellen, ob du dicker geworden bist. Diesen Vorgang bezeichnen wir schlicht, aber ergreifend als «Jeanstest».[*]

Welch Freude! Was für ein Sieg, wenn es gelingt, die alte 501 zu schließen!!! Doch der Test kann auch negativ ausfallen, und dann ist das Drama groß! Aber sei ehrlich, als du sie zum letzten Mal in der Öffentlichkeit getragen hast, warst du gerade von einer Magen-Darm-Grippe genesen.

Sätze, die du dir immer wieder ins Gedächtnis rufen solltest, um dich aufzumuntern, wenn der Test nicht von Erfolg gekrönt war:
«Das ist normal! Es ist Sommer, und bei Hitze sammelt sich Wasser im Körper.»
Oder je nach Jahreszeit: «Das ist normal, im Winter hat man immer drei Kilo mehr drauf.»
Und wenn du die Jeans nicht einmal mehr über die Oberschenkel bekommst:
«Ist doch egal! Heutzutage trägt eh niemand mehr eine 501!!»

[*] Zulässig ist jede Jeans, die du zumindest einmal getragen hast. Ausgeschlossen ist folglich jegliche Hose, die für den Zeitpunkt gekauft wurde, an dem du drei Kilo abgenommen haben wirst!

Regel Nr. 7

◆

Streiche «den Schwanz einziehen
aus deinem Vokabular,
wenn du über dich selbst sprichst.

ICH BIN EINE PRINZESSIN, UND PRINZESSINNEN KACKEN NICHT

◆

VOM VERLAG ZENSIERT *

---

* Wer jetzt sehr enttäuscht ist, blättert bitte vor zum Kapitel: «Wer hat hier gerade gefurzt?!», S. 104.

WIE DU DICH ANGESICHTS EINES HÄSS‑LICHEN BABYS VERHALTEN SOLLTEST

◆

Im Gegensatz zur weit verbreiteten Meinung sind nicht alle Kinder hübsch. Manche sind sogar, ehrlich gesagt, regelrecht hässlich!

Deshalb unser Rat: Nicht zu viel sagen!

Belass es bei: «Wie er lächelt!»
Ohne hinzuzufügen: **«Ist so eine Körperbehaarung normal?»**

«Man kann gar nicht sagen, ob er seinem Vater oder seiner Mutter ähnlich sieht.»
«Ich hab's. Keinem von beiden! Er sieht nach nichts und niemandem aus!»

«Das Personal hier auf der Station scheint jedenfalls sehr gut zu sein.»
«Mit ein bisschen Glück haben sie ihn vertauscht, und ihr bekommt bald das richtige Baby zurück.»

«Er ist echt … süß.»
«Hauptsache, er sieht gut aus, wenn er erwachsen ist.»

«Er wirkt so … aufgeweckt.»
«Weil er andere Qualitäten entwickeln muss … Humor zum Beispiel.»

DIE GRÜNPFLANZEN PERFEKTER FRAUEN GEHEN NICHT EIN

◆

Während wir noch immer nicht wissen, ob man einen Kaktus nun gießen muss oder nicht*, hat die perfekte Frau einen grünen Daumen!
Wir hingegen bringen es fertig, am 1. Mai Basilikum zu kaufen in dem Glauben, es seien Maiglöckchen ... aber immerhin haben wir verstanden, dass hübsche Plastikblumen den Zweck ebenfalls erfüllen.

> Eine kurze persönliche Botschaft an dieser Stelle an die freundliche Floristin um die Ecke:
> «Diese Pflanze braucht nur sehr wenig Pflege» ist eine Lüge sondergleichen!
> Wenn eine Pflanze nur sehr wenig Pflege braucht, dann weil sie umgehend eingeht!

---

* Die Antwort auf diese Frage steht übrigens nicht in diesem Buch.

Regel Nr. 8

◆

Schwärme niemals in der Öffentlichkeit:
«Crocs sind ja sooo bequem!»

WAS NIEMAND GERN ZUGIBT

✦

Inzwischen hast du sicher mitbekommen, dass sich dieses Buch zum Ziel gesetzt hat, dir das schlechte Gewissen zu nehmen!

Denn du bist nicht die Einzige, die
- sich nicht die Beine rasiert, wenn sie jemanden zum ersten Mal trifft, um der Versuchung besser widerstehen zu können.
- sich ein wenig schminkt (nachdem sie sich zuvor gerade abgeschminkt hat), bevor sie sich zu ihrem Partner ins Bett legt. (Natürlich nur in der ersten Woche einer neuen Beziehung!)
- Anzeige erstattet wegen Diebstahls des Motorrollers, weil sie sich nicht mehr erinnern kann, wo sie ihn abgestellt hat.

Eine Unterkategorie in der Liste der Dinge, die niemand zugibt, stellen die Jugendsünden dar, als da wären:
- gewagte Haarexperimente (Farben, Frisuren, Dauerwellen etc.)
- abrasierte Augenbrauen, um den Rapper zu geben (Kriss-Kross-Phase)
- selbstgemachte Tätowierung (mit Hilfe eines Zirkels und einer Tintenpatrone)
- alles aufgeben wollen, um New Kids on the Block oder einer anderen Boygroup auf ihrer Tournee zu folgen

- sich selbst Ohrlöcher stechen (oder einen anderen Teil des Körpers piercen) und nur eine Nadel und einen Eiswürfel zur Verfügung haben
- Selbstmorddrohungen anlässlich des Todes von Kurt Cobain («Ich möchte sein, wo Kurt ist!!»)

WAS DU NICHT GERN ZUGIBST
(ZUM SELBSTAUSFÜLLEN)

◆

Niemals zugeben würde ich:

- ....
- ....
- ....
- ....
- ....
- ....
- ....
- ....
- ....
- ....

Jugendsünden:

- ....
- ....
- ....
- ....
- ....
- ....
- ....
- ....
- ....
- ....

DIE THEORIE
«ABBLÄTTERNDER NAGELLACK»

◆

Eines der ungelösten Mysterien ist die Tatsache, dass der Nagellack von perfekten Frauen immer makellos ist. Wie ist das möglich? Wie machen sie das? Du hingegen hast immer das Gefühl, ihn bereits abgeblättert aufzutragen!

Zitate:
Laure: «Einmal habe ich mich so für meine Nägel geschämt, dass ich meinen Kollegen gegenüber behauptet habe, meine siebenjährige Tochter habe mir den Nagellack aufgetragen.»
Prunes: «Ich streiche mir Nagellackentferner um die Nägel, damit ich nicht übermale.»

Typische Sprüche von Zicken:
«Entschuldige bitte meine Nägel, das ist mir wirklich peinlich! Ich habe sie in letzter Zeit total vernachlässigt!»
Du siehst überhaupt nicht, was sie meint.

«Der Nagel meines linken Zeigefingers gefällt mir gar nicht. Ich muss unbedingt diese Woche noch zur Maniküre.»
Aber warum? Kau sie doch einfach ab!

«Ich habe eine Freundin, die ein Nagelstudio hat. Ich kann sie gern anrufen, vielleicht nimmt sie dich als Notfall zwischen zwei anderen Kundinnen dran!»
Kein Kommentar.

WIE DU DICH GEGENÜBER DER NEUEN FREUNDIN DEINES EX VERHALTEN SOLLTEST

◆

Die Autorinnen entschuldigen sich, aber sie haben noch immer keine Antwort auf diese Frage gefunden.

Verhalte dich, wie du magst!!*

---

* Was du auch tust, du wirst sie nicht mögen, und sie wird dich nicht mögen.

SCHLAMPE ODER NICHT?

◆

Definition der Schlampe: Bezeichnung für eine Frau, die nur darauf aus ist, Männer anzumachen. Männer sind für diesen Typ Frau sehr empfänglich, auch wenn sie es nicht öffentlich zugeben und lieber behaupten, sie fänden sie «vulgär».

Anmerkung der Autorinnen: Durchaus zulässig ist, sich bei der Schlampe einiges abzuschauen (besonders im Sommer), allerdings solltest du dabei dezent vorgehen.

Je nach Kontext und Region trägt die Schlampe unterschiedliche Namen: Flittchen (überall), Luder (auf Kühlerhauben), It-Girl (Presse), fesches Madl (Oktoberfest).

Vernachlässige nie die Schlampe in dir.
Sie kann dir eines Tages sehr nützlich werden!

WELCHE SORTE SCHLAMPE BIST DU?

◆

Kreuze an, wenn Folgendes auf dich zutrifft:
- ☐ Ich habe French Nails.
- ☐ Ich habe Brustimplantate.
- ☐ Ich habe einen Hund, der kleiner als 50 cm ist.
- ☐ Ich trage einen Rock, der kürzer als 50 cm ist.
- ☐ Ich habe ein Arschgeweih.
- ☐ Ich fahre ein winzig kleines Auto.
- ☐ Ich habe einen Diamanten im Bauchnabel/auf dem Fingernagel/Zahn.
- ☐ Mein Lover ist Stripper.
- ☐ Ich habe Extensions … und das sieht man!
- ☐ Ich finde, Pamela Anderson hat Stil.
- ☐ Ich rauche Vogue-Zigaretten.
- ☐ Ich weiß mit einer «Pole Dance»-Stange umzugehen.
- ☐ Ich benutze dunklen Konturenstift zu hellem Lippenstift.
- ☐ Ich halte «brav» aus dem Mund eines Typen für ein Kompliment.
- ☐ Ich habe meinen Namen geändert und mir einen französisch klingenden Vornamen gegeben.
- ☐ Ich habe in einer Reality-TV-Show mitgemacht oder hatte es vor.

Auswertung:

✦ Wenn du mehr als sechs Kreuze gemacht hast: **Du hast südeuropäische Wurzeln.**

✦ Wenn du mehr als zehn Kreuze gemacht hast: **Du bist Amerikanerin.**

✦ Wenn du mehr als zwölf Kreuze gemacht hast: **Du bist Kim Kardashian.**

... FÜGT IHNEN UND DEN MENSCHEN IN IHRER UMGEBUNG ERHEBLICHEN SCHADEN ZU

◆

Die perfekte Frau raucht nicht, und dazu können wir sie nur beglückwünschen! Aber warum fühlt sie sich bemüßigt, auch andere daran zu hindern?

Typische Sprüche von Zicken:
«Du weißt, dass das gesundheitsschädlich ist?»
«Hust, hust, hust!» (Zicken-Husten)
«Hast du es schon mal mit Hypnose versucht?»
«Ist dir bewusst, dass du dich dabei selbst zerstörst?»

Geste von Zicken:
Genervt wedelt sie mit übertrieben verzogener, ja gar angewiderter Miene deinen Zigarettenrauch fort.

Wenn die Zicke einlädt, verbittet sie sich natürlich, dass geraucht wird. Mit dem Resultat, dass sich die Gäste, selbst wenn der Abend super gewesen ist, nur daran erinnern, «dass man dort nicht einmal rauchen durfte».

Regel Nr. 9

◆

Verkneife dir, laut auszurufen:
«Ach, kein Problem,
Wodka hinterlässt keine Flecken!»

WAS IN DISKOS TABU IST

✦

- ✦ Den Begriff «Disko» zu benutzen.
- ✦ Auf den Tresen zu steigen (unter 20-Jährigen vorbehalten).
- ✦ Auf die Bühne zu steigen (unter 30-Jährigen vorbehalten).
- ✦ Auf eine Sitzbank zu steigen (unter 40-Jährigen vorbehalten).
- ✦ Gierig einen Mann abzuknutschen (unter 20-Jährigen vorbehalten).
- ✦ Gierig den DJ abzuknutschen (unter 30-Jährigen vorbehalten).
- ✦ Gierig den Türsteher abzuknutschen (unter 40-Jährigen vorbehalten).
- ✦ Sich auf die Klobrille zu setzen.
- ✦ Bitten, die Musik ein wenig leiser zu stellen.
- ✦ Ein gutes Buch herauszuholen.
- ✦ Dem «Discjockey» zu seiner tollen Musikauswahl zu gratulieren.
- ✦ Den Türsteher zu bitten, «einen Blick auf den Fiat Punto zu werfen, der an der Ecke steht».
- ✦ Mit folgenden Worten aus der Toilette zu kommen: «Nicht reingehen, ich habe mich gerade übergeben!»
- ✦ Mit folgenden Worten aus der Toilette zu kommen: «Nicht reingehen, ich habe gerade gekackt!»

DAS IST SELBSTGEMACHT!

✦

Die perfekte Frau kocht! Und zwar richtig … Zum Beispiel macht sie Frühlingsrollen selbst!
Die Frage, die sich darauf unweigerlich stellt, ist allerdings: **«Warum?!»**
Ja, wirklich, Geiz wird es wohl kaum sein. Warum um alles in der Welt macht sie dann Frühlingsrollen selbst? Die kann man doch kaufen! Und dann sind sie sogar besser!

> **Zitat:**
> Lucile: «Als ich mir neulich eine Fertig-Tortilla aufgewärmt habe, war ich auf einmal so gerührt, dass ich sofort ein Foto gemacht und es meiner Familie geschickt habe. Ich musste an das Bild auf dem Kaminsims meiner Oma denken, auf dem ich neben einer Tortilla sitze.»

Typische Sprüche von Zicken:
«Zum Dessert habe ich an eine mit echter Vanilleschote verfeinerte Konditorcreme gedacht.»
Vanillepudding halt!

«Ich mache auch meine Wurst selbst.»
???

«Möchtest du ein Wachtelgratin? Das ist im Handumdrehen gemacht.»
Hat sie «Hand» oder «Hals» gesagt?

«Das ist wirklich nicht schwer, man muss nur nach dem Rezept gehen.»
Kein Kommentar.

DIE THEORIE «SCARLETT JOHANSSON»

♦

Die Theorie, die nach Scarlett Johansson benannt ist*, behandelt das Phänomen, wie es einem Schweinchen gelingen konnte, der ganzen Welt weiszumachen, dass es eine Sexbombe sei! Indem es sich so verhält. Wir sind uns bewusst, dass wir hier eine der größten Schwindeleien der Geschichte enthüllen. Schließlich ist an dieser Scarlett nichts Besonderes! Sie hat Rundungen, Orangenhaut … wie wir alle halt! Seien wir ehrlich, kein Mann würde sich nach ihr umdrehen, wenn er ihr auf der Straße begegnen würde. Doch indem sie sich wie ein Objekt der Begierde verhält, ist sie für die meisten Männer auch dazu geworden.

> Der Schluss, den wir daraus ziehen:
> **Wenn du dich wie eine Granate benimmst, wirst du auch als Granate wahrgenommen!**
> (Und umgekehrt …)

* Diese Theorie haben die Autorinnen erfunden.

Regel Nr. 10

♦

Kaufe nie mehr Schuhe in 38,
wenn du eigentlich Größe 40 hast
(auch nicht wenn sie runtergesetzt sind).

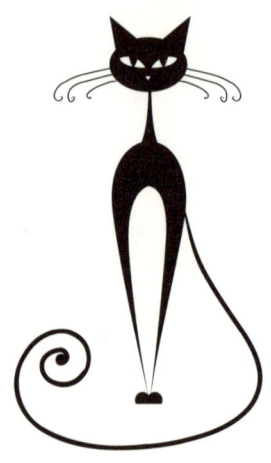

SELBER ZICKE

◆

Die perfekte Frau beherrscht natürlich auch ihre Muttersprache perfekt und erlaubt sich deshalb nur zu gern, uns zu verbessern: «Man sagt nicht ‹wegen mir›, sondern ‹meinetwegen›.» Ebenso korrigiert sie gern unsere Rechtschreibung (auf der Liste dreister Beleidigungen ganz oben).

Deshalb ist es jetzt endlich einmal an uns, sie zu verbessern (ja, jetzt sind wir ein bisschen eklig). Wir haben nämlich beschlossen, einer der größten Fragen des Jahrhunderts nachzugehen:

> **Heißt es «Reifenwechsel» oder «Radwechsel»?**
> Bei Wikipedia heißt es: «Radwechsel (fachsprachlich auch Umstecken, umgangssprachlich fälschlich auch als Reifenwechsel bezeichnet) ist der Tausch kompletter Räder (Reifen auf Felgen) bei Kraftfahrzeugen, wie er beim Wechsel zwischen Sommer- und Winterreifen, aber auch bei Reifenpannen vorgenommen wird. Ein Radwechsel kann im Gegensatz zum Reifenwechsel selbst durchgeführt werden. […] Beim Reifenwechsel [wird] ein anderer Reifen auf die Felge aufgezogen, was in der Regel nur von einer Kfz-Werkstatt oder einem Reifenhändler durchgeführt werden kann.»

Zugegeben, wir hätten das Ganze auch kürzer ausdrücken können: Wer behauptet, er wechselt selbst die Reifen, hat keine Ahnung!

(FAST) KORREKTE AUSDRUCKSWEISEN

◆

Unperfekte Frauen bedienen sich bisweilen seltsamer Ausdrucksweisen. Dies ist insbesondere Coco* gewidmet, von der viele der hier aufgeführten Aussprüche und Redewendungen stammen:

«Plappern gehört zum Handwerk.»
«Das lockt kein Bein hinterm Ofen hervor.»
«Das ist das Salz auf dem ‹i›.»
«Das war eine Begegnung der dreizehnten Art.»
«Worauf du einen lassen kannst.»
«Nicht alles auf Messers Schneide legen.»
«Das ist Öl auf meine Mühlen.»
«Ich habe mehrere Hüte im Feuer.»
«Man muss den Stier an den Hoden packen.»
«Da war der Magen wohl größer als die Augen.»
«Ich hab den Arsch gestrichen voll.»
«Eins und eins gesellt sich gern.»

---

* Name aus Respekt vor Audrey und ihrem Umfeld geändert.

FÜNF PORTIONEN OBST UND GEMÜSE AM TAG

◆

Jetzt mal im Ernst! Nur die perfekte Frau hält sich an diese Regel! Sie isst BIO, und häufig ist sie Vegetarierin, wenn sie sich nicht gleich nur von Körnern ernährt. Und leider hat sie es sich zudem zur Aufgabe gemacht, uns arme Sünderinnen zu missionieren!

«So schwierig ist es wirklich nicht, Topinambur selbst zu ziehen.»
Aha. Jetzt müsste ich nur noch wissen, was Topinambur ist!

«Ich bin Vegetarierin, aber Eier esse ich, denn es ist ja interessant, beim Eierlegen leidet das Huhn überhaupt nicht.»
Unglaublich, wie die Bedeutung des Adjektivs «interessant» je nach Benutzer variiert.

«Du solltest keine Kuhmilch trinken, schließlich bist du kein Kuhjunges!»
Ach, und bist du vielleicht ein Sojajunges?!

Regel Nr. 11

♦

*Begreife endlich, dass niemand
Selbstbräuner richtig auftragen kann.
Alles andere ist gelogen!*

SMS-ZEICHENSPRACHE

◆

Wer ist nicht schon mal angesichts einer SMS in Panik geraten? «Stell dir vor, ich habe Bussi geschrieben, und er antwortet mit LG. Ich fühle mich total gedemütigt.» (Typisch Frau, keinen Sinn für Verhältnismäßigkeiten.)

Um vorschnellen oder falschen Interpretationen vorzubeugen, haben wir eine kleine Tabelle zusammengestellt.

SMS	ÜBERSETZUNG
.	So, Schluss jetzt.
..	Ich will die Spannung aufrechterhalten.
...	Ich weiß nicht, wie ich diesen Satz beenden soll.
....	Das hat gar nichts zu bedeuten! Vergiss nie: «Zu viele Punkte verderben den Text.»
?!	Das ist eine Frage, aber ich bin ein bisschen gereizt.
?!!	Das ist eine Frage, aber ich bin jetzt schon total genervt von deiner Antwort.
:)	Ich muss lachen.
;)	Ich muss lachen, auch wenn es nicht unbedingt komisch ist.
:$	Ich muss lachen, obwohl ich eine Hasenscharte habe.
<3	Ein Herz.
8>	Ein Pimmel.[*]

[*] Ein Penis (aber die Autorinnen haben sich für das Wort «Pimmel» entschieden, weil es lustiger ist).

ÜBERSETZUNG SMS–DEUTSCH

◆

Ja, es stimmt, mehr als Schulenglisch können wir nicht, die «Grundkenntnisse in Latein», die wir uns in den Lebenslauf geschrieben haben, sind maßlos übertrieben, und unser Spanisch beschränkt sich auf «Una cerveza por favor». Aber eins ist sicher, beim Dechiffrieren von SMS sind wir unschlagbar!

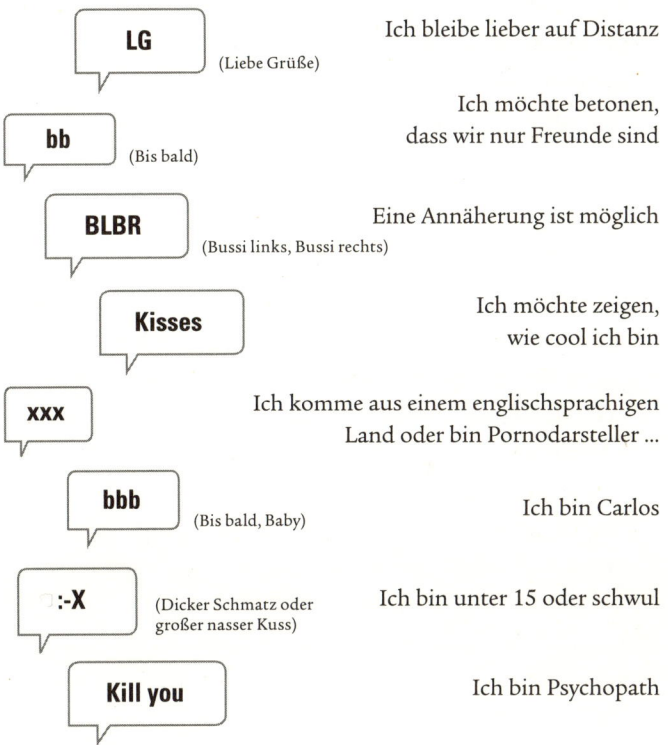

LG (Liebe Grüße) — Ich bleibe lieber auf Distanz

bb (Bis bald) — Ich möchte betonen, dass wir nur Freunde sind

BLBR (Bussi links, Bussi rechts) — Eine Annäherung ist möglich

Kisses — Ich möchte zeigen, wie cool ich bin

xxx — Ich komme aus einem englischsprachigen Land oder bin Pornodarsteller …

bbb (Bis bald, Baby) — Ich bin Carlos

:-X (Dicker Schmatz oder großer nasser Kuss) — Ich bin unter 15 oder schwul

Kill you — Ich bin Psychopath

WIE DU EINE FREUNDIN ÖFFENTLICH BLOSSSTELLST

◆

Indem du ihren Junggesellinnenabschied organisierst!

Verboten ist in diesem Zusammenhang Folgendes:
- Verkleidung in jeglicher Form (Perücke, Mütze oder sonstige lustige Accessoires)
- eine peinliche Aufgabe (Unbekannte küssen, Telefonnummern sammeln oder in der Öffentlichkeit Toilettenpapier verkaufen)
- Sex-Toys (Kauf, Vorführen oder Benutzen in der Öffentlichkeit)

> Ein Junggesellinnenabschied ist und bleibt für viele ein Abend, an dem man «zusammen albern ist, Kir Royal trinkt und einem Stripper bei der Arbeit zuschaut».
> Ein Junggesellenabschied hingegen bedeutet meist, dass er von seinen Kumpels eine Prostituierte bezahlt bekommt (ja, das verbirgt sich hinter dem «Wochenende in Barcelona»).

Regel Nr. 12

◆

Sage nie mehr:
«Achtung, ich habe Herpes!»,
sondern:
«Vorsicht, mein Fieberbläschen.»

AB MORGEN TREIBE ICH SPORT!

◆

Endlich hast du es geschafft und dich im Fitnessstudio angemeldet!
Jetzt hast du nur noch das Schwierigste vor dir ... Hingehen!
Lediglich eins kann dich dazu motivieren, ein einziger Grund kann dich dazu bringen, die Folterkammer zu betreten:

Schuldgefühle!

«Ich habe 800 Euro Mitgliedsbeitrag bezahlt ...»
Ich muss wohl hingehen!
«Ich habe mir das ganze Wochenende den Bauch vollgeschlagen ...»
Ich muss wohl hingehen!
«Der Trainer wird mich darauf ansprechen, dass er mich fünf Wochen lang nicht gesehen hat ...»
Ich muss wohl hingehen!
«Ich habe mir für 100 Euro neue Turnschuhe, ein superstylisches Outfit und einen Sport-BH gekauft ...»
Ich muss wohl hingehen!
«Die anderen Mädels in dem Kurs werden mich missbilligend ansehen ...»
Ich muss wohl hingehen!
«Da laufen total viele gut aussehende Typen rum, und ich bin Single ...»
Ich muss wohl hingehen!

Basiskalkulation:
Preis des Abonnements für das Fitnessstudio
+ Preis des extra dafür gekauften Outfits
+ Preis des extra dafür gekauften iPods

―――――――――――――――――――

Anzahl der Einheiten,
die ich im ganzen Jahr absolviert habe

=

Tatsächlicher Preis pro Einheit[*]

---

[*] In der Tat, du solltest gehen!!

FACEBOOK ODER
«WIE SIE UNS GLAUBEN MACHEN,
SIE WÜRDEN EIN GENIALES LEBEN FÜHREN»

◆

Wir alle haben unter unseren Facebook-Freunden jemanden, den wir nicht gut kennen, die oder der aber den Eindruck vermittelt, ein ganz außergewöhnlich tolles Leben zu führen!
Dabei musst du dir nur immer wieder ins Gedächtnis rufen, dass das Leben der anderen gar nicht so toll ist ... Es ist alles nur eine Frage des eigenen Standpunkts!

«Junghuhn mit Pfifferlingen zum Mittag! Köstlich.»
Aha, sie isst also mittags etwas.

«Jippiiii! Endlich Wochenende!!»
Seltsam, dass sie am Sonntag nicht arbeitet.

«Aua!! O, là, là! Vielen Dank, Monsieur Doliprane!»
Sie hat offenbar einen schlechten Kir getrunken ... in einer üblen Kneipe ... in schlechter Gesellschaft.

«Mein Schatz ist der Allerbeste!!»
Ihr Freund ist für sie einkaufen gegangen.

«Das wäre aber wirklich nicht nötig gewesen!! Viiielen Dank!! Ihr seid verrückt!»
Ein Gast hat eine Flasche Wein mitgebracht.

DER KAFFEEMASCHINENKOMPLEX

◆

Es ist Montag, und wie jeden Montag beschließt deine Kollegin Christelle (die wir hier «Christelle aus der Buchhaltung» nennen, zum einen weil Christelle ein hässlicher Name ist und zum anderen weil wir «Michael» schon weiter vorn in diesem Buch benutzt haben), dir an der Kaffeemaschine von ihrem Wochenende zu erzählen. Du gerätst in Panik, da du das gesamte Wochenende mit Herumräumen und der sechsten Staffel von *Dexter* zugebracht hast, was man eindeutig nicht erzählen kann, ohne blöd dazustehen. Dieses Phänomen ist allgemein bekannt als:

Der Kaffeemaschinenkomplex

Das ist der Moment, in dem du dir sagen musst, dass auch die anderen kein außergewöhnliches Leben führen! Einige führen sogar ein ganz und gar miserables Leben.[*]
Und vor allem darfst du nicht vergessen, dass Christelle aus der Buchhaltung eine Zicke ist!

---

[*] Vgl. Kapitel «Woher du weißt, dass dein Leben scheiße ist», S. 43.

FREITAG KANN ICH NICHT … DA LÄUFT *THE VOICE*

◆

Typische Sprüche von Zicken:
«Was? Du schaust dir synchronisierte Filme an?»
«Hast du das neue Stück von Ariane Mnouchkine gesehen? Es dauert neun Stunden und ist einfach phan-tas-tisch!!»
«Sorry, ich weiß nicht, wovon du redest, ich habe keinen Fernseher.»

Frei nach dem Lied «Femme libérée» des französischen Philosophen und Schlagerstars Cookie Dingler:

Sie abonniert die *Brigitte*
Im *Stern* interessiert sie sich nur für die Sprechblasen
Die FAZ nimmt sie schon lange nicht mehr
auch nur zum Schein in die Hand
Heimlich liest sie *Gala*, denn was zählt, ist der Spaß.

Ja, wir lesen die *Gala* und stehen dazu! Machen wir uns nichts vor! Das ist einfach unterhaltsamer als *Das Handelsblatt*. Na ja, man muss doch schließlich wissen, was es Neues von Suri Cruise gibt … oder etwa nicht?

ICH KOMME ALLEIN ZURECHT

◆

Lange haben wir geglaubt, Heimwerken sei den Männern vorbehalten, und wir seien auf sie angewiesen, um im Haus anfallende Handwerksarbeiten zu erledigen. Doch diese Zeiten sind vorbei, werte Damen! Die Ära der Hilferufe geht zu Ende.

Du brauchst zum Heimwerken keinen Mann!
Heimwerken braucht kein Mensch!

Zitate:
«Geht schon, man muss nur jedes Mal den Wasserhahn aufdrehen, wenn man die Toilettenspülung betätigen will.»
«Man gewöhnt sich dran, unter einer Rettungsdecke zu schlafen. Wozu brauche ich eine neue Therme?»
«Mit Knete kann man super Fenster abdichten.»
«Ich habe mich daran gewöhnt, durchs Fenster zu klettern. Eigentlich brauche ich den Schlüssel gar nicht nachmachen zu lassen.»
«Warum die Uhr stellen? So schwer ist es nicht, im Winter zwei und im Sommer eine Stunde draufzurechnen.»

Na ja ... und wenn du doch mal um Hilfe bitten musst, ist es auch kein Weltuntergang. Niemand wird dich verurteilen, wenn du einfach keine Ahnung hast, wie du es anstellen sollst! (Außer der Zicke ... aber sie ist halt eine ... Zicke.)

Regel Nr. 13

◆

Kaufe nie mehr Klamotten in Größe 36, wenn du eigentlich 40 brauchst, nur weil dich die Verkäuferin so skeptisch angesehen hat.

ICH BRAUCHE UN-BE-DINGT EINE BROTMASCHINE!

◆

Unsere Schränke sind voll von Dingen, die uns unerlässlich zu sein schienen, als wir sie gekauft haben, die wir seitdem aber nur ein einziges Mal benutzt haben. Dazu gehören unter anderem all die Gerätschaften, die direkt aus einem Teleshoppingkanal stammen könnten:

- ein heißer Stein
- ein Massagegerät gegen Orangenhaut
- eine riesige, alleskönnende Küchenmaschine
- ein Sandwich-Maker
- ein Lufterfrischer
- eine Gymnastik-DVD von Cindy Crawford (echt wahr!)
- ein Sex-Toy
- ein Muskelstimulator
- ein Schokoladenspringbrunnen

(Gilt auch für diejenigen, die jetzt zu sagen wagen: «Ich habe es aber drei Mal benutzt ...»!)

Moral:
Bitte jetzt nicht glauben, dass wir Schuldgefühle wecken wollen! Unvergessen bleibt einer der Autorinnen der erste Gedanke beim Erhalt des «Cupcake-Kits»*! Hihi! Echt supertoll!!

---

* Immer noch originalverpackt.

VERUNGLÜCKTE GESCHENKE

◆

«Ein Geschenk ist gelungen, wenn es von Herzen kommt.» Von wegen! 62 Prozent der Geschenke, die man erhält, sind einfach total verunglückt!* Denk an das schlimmste Geschenk, das du je bekommen hast, und stell dir dann die Frage: «Kann diese Person es wirklich gut gemeint haben?»

«Meine Tante schenkt mir jedes Jahr Badekugeln.»
Ich habe nur eine Dusche!

«Du kannst es umtauschen. Ich habe den Kassenbon noch.»
Allerdings wird er mir nie ausgehändigt!

«Meine Schwägerin hat mir ein Fleischmesser zu Weihnachten geschenkt.»
Ich weiß nicht, was ich dazu sagen soll!

«Mein Cousin hat mir ein Bild von einem weinenden Clown geschenkt und beim Überreichen gesagt: ‹Ich musste sofort an dich denken.›»
??!!!

---

* Der Prozentsatz basiert auf persönlichen Erfahrungen der Autorinnen und ist wissenschaftlich nicht belegt.

DIE WAHRHEIT ÜBER GESCHENKE

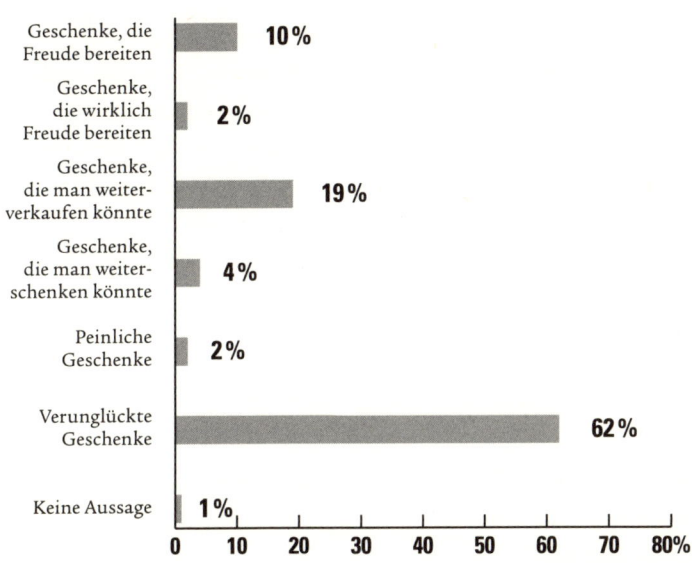

LISTE VON GESCHENKEN, DIE TABU SIND

✦

An alle Männer

Liebe Herren,
uns ist bewusst, dass es für die meisten von euch eine qualvolle Prüfung ist, ein Geschenk für die Liebste auszusuchen. Deshalb erlauben wir uns, euch hier einige Tipps zu geben.

Vermeidet «Geschenke für euch selbst». Haltet ihr uns wirklich für so blöd?
- ein besonders aufreizendes Negligé
- Sex-Toys
- Computerspiel *World of Warcraft 2*

Vermeidet auch jegliches Geschenk, das als Botschaft aufgefasst werden könnte:
- Kochkurs
- Styling Session
- Therapiestunden

Aufgepasst, denkt daran, dass wir in unserer Paranoia hinter jedem Geschenk, auch dem unschuldigsten, eine Botschaft wittern: «Ahhhh!! Er hat mir ... geschenkt. Glaubst du, dass er damit sagen will ...??!!!» Also lieber keine Risiken eingehen!

Achtung, Gefahr: Falsche Kleidergröße!
Wenn ihr eine zu kleine Größe wählt, wird sie glauben, sie wäre zu dick.
Wenn ihr eine zu große Größe wählt, wird sie daraus schließen, dass ihr sie für dicker haltet, als sie eigentlich ist, und daraufhin sofort glauben, sie wäre zu dick.
In beiden Fällen seid ihr erledigt.

PERFEKTE MÜTTER[*/**]

♦

PERFEKTE MÜTTER SIND ZICKEN!

[*] Anmerkung der Autorinnen: Dem Thema «Tipps für die unperfekte Mutter» werden wir uns in einem zweiten Buch gesondert widmen.

[**] Anmerkung des Verlags: Erst einmal muss sich dieses Buch verkaufen.

Regel Nr. 14

♦

*Sprich nie mehr von
«viertel zwei», solange du davon überzeugt bist,
dass damit «Viertel nach zwei»
gemeint ist.*

WAS?! DU HAST DEN KASSENBON
NICHT AUFGEHOBEN?

◆

Die perfekte Frau ist sehr gut organisiert! Was die meisten anderen Frauen leider nicht von sich behaupten können!

Sei ehrlich, ist es dir noch nie passiert, dass du …

… eine Versicherung für ein Handy weitergezahlt hast, das vor vier Jahren verloren gegangen ist?
… versäumt hast, Briefwahl zu beantragen, obwohl du schon lange wusstest, dass du am Wahltag verreist sein würdest?
… sündhaft viel für ein Flugticket bezahlt hast, weil du erst in letzter Minute gebucht hast?
… irgendetwas aus deinem Hausstand als Geschenk genommen hast, weil du vergessen hast, etwas für einen Geburtstag zu besorgen?
… das Datum hast verstreichen lassen, bis zu dem du dir Geld hättest erstatten lassen können?
… eine Zeitschrift seit Jahren nur liest, weil du vergisst, das Abo zu kündigen?

Ja, Meisterinnen der Organisation sind wir nicht gerade. Wir haben weder Bausparvertrag noch Zusatzversicherung … aber wir haben eine Holzkiste, und die haben wir gut versteckt, hihi!

SILVESTER IST UND BLEIBT EINE FRUSTRIERENDE ANGELEGENHEIT

◆

Setz dich nicht mehr unter Druck. Egal, was du geplant hast, dieser Abend wird niemals ein Erfolg.* Und wenn du doch wider Erwarten eine phantastische Nacht verbringst, solltest du dir immer klarmachen, dass es purer Zufall war!

Die TOP 5 der frustrierenden Silvesterabende
1. allein mit der Katze
2. mit dem Ex und seiner neuen Freundin (einer 20-jährigen brasilianischen Schönheit)
3. als einziger Single inmitten von Paaren
4. mit Leuten, die keinen Alkohol trinken
5. wenn du um 23.57 Uhr kotzen musst

Wenn mehrere dieser Punkte zusammenkommen, ist der Silvesterabend nicht mehr der Kategorie «frustrierend» zuzuordnen, sondern unter «denkwürdig» zu verbuchen. Beispiel: Wenn du um 23.57 Uhr auf deine Katze kotzt.

---

* Siehe auch die Kapitel «Facebook oder ‹Wie sie uns glauben machen, sie würden ein geniales Leben führen›», S. 88, und «Woher du weißt, dass dein Leben scheiße ist», S. 43.

DA DA DADA, DA DA DADA*

◆

Wir können uns weder unsere Familie aussuchen (einige Freunde übrigens auch nicht) noch über unsere Anwesenheit bei bestimmten damit verbundenen Feierlichkeiten wie Hochzeiten frei bestimmen.

Ratschläge, um eine Hochzeit zu überstehen:
- Nicht schöner als die Braut sein, es sei denn, du kannst sie nicht ausstehen.
- Früh mit dem Trinken anfangen, dann vergeht der Abend schneller (allerdings solltest du vermeiden, bereits bei der Eröffnung des Buffets total blau zu sein).
- Heikle Themen in Gesprächen umgehen, wie:
  - das sexuelle Vorleben der Braut
  - die sexuellen Vorlieben der Braut
  - den Holocaust und ähnlich ernste Themen

Folgende Aussprüche sind also zu vermeiden:
«Bevor sie Benoît kennenlernte, hat Vanessa echt nichts anbrennen lassen!»
«Ein Hoch auf das Hochzeitspaar! Michael und ...????»
«Und wir wollen auch all der Hunger leidenden Kinder gedenken und ... Oh! Moment, ich muss aufhören, die Hochzeitstorte kommt.»

---

* Hast du den Hochzeitsmarsch erkannt?

STIMMUNGSMACHER

✦

Um den langen Abend ein wenig heiterer zu gestalten, haben wir folgende Tipps:

✦ Mach möglichst schnell den dem Alkohol zugeneigten streitlustigen Onkel ausfindig und schenke ihm regelmäßig nach. Ein kleines Wortgefecht zum Ausklang einer Feier kann nicht schaden.

✦ Filme dich mit dem Handy auf der Toilette selbst und vergib Noten für den Abend wie in *Das perfekte Dinner* oder *4 Hochzeiten und eine Traumreise*. Leute beurteilen ist immer ein sehr amüsanter Zeitvertreib!

✦ Gib dich für die Cousine aus Amerika aus, die nur Englisch spricht. Die Leute werden in deiner Gegenwart vollkommen ungehemmt sprechen ... was sehr lustig sein kann! Funktioniert auch als taube Cousine.

✦ Wenn dir ein Gast als sehr verklemmt auffällt, fordere ihn laut auf: «Eine Rede bitte!! Wir wollen eine Rede hören!!» Du kannst dir sicher sein, dass die versammelte Gesellschaft umgehend mit einstimmen wird.

✦ Vor Gästen, die du nie mehr wiedersehen wirst, kannst du einfach ein Leben erfinden: «Erkennen Sie mich nicht? Ich habe bei Casting-Show XY mitgemacht und bin fast bis ins Finale gekommen.»

WER HAT HIER GERADE GEFURZT?

✦

Eins steht fest, selbst die perfekte Frau furzt … Aber sie tut es diskret. Und wenn sie jemanden auf frischer Tat ertappt, kann sie sich beherrschen und schreit nicht:
«Ich war's nicht, das war Martine!»
«Iiih, warum stinkt es hier so? Das brennt ja in den Augen!»
«Bist du innerlich verfault, das ist ja unglaublich!»

Gilt genauso für alles rund ums Thema «Toiletten»:
«Wer hat auf dem Klo wieder nicht gespült?»

👎 Begriffe für Toilette, die zu vermeiden sind:
- ✦ (Wasser)klo(sett)
- ✦ Lokus
- ✦ Stilles Örtchen
- ✦ Häusl

Genau wie alle weiteren Bezeichnungen, die «verniedlichen» oder der «regionalen Folklore» entsprungen sind.

Hiermit sei noch einmal darauf hingewiesen, dass der Satz «Wer hat hier gerade gefurzt?» zu vermeiden ist, und zwar seit … eigentlich schon immer!

Regel Nr. 15

◆

Rufe nie mehr laut aus:
«He! Willst du mal meine Möpse sehen?»,
während du ein Foto deiner Kinder,
Katzen oder Hunde zeigst.

FRAUEN, DIE NUR SALAT ESSEN

◆

Sie machen dir ein schlechtes Gewissen, wenn du gerade Käsefondue mit Speck bestellt hast und sie nur einen Salat mit dem «Dressing bitte extra» nehmen ...
Aber vergiss niemals:

    Wer nicht zunimmt, isst nicht!
    Wer nicht zunimmt, isst nicht!
    Wer nicht zunimmt, isst nicht!
    Wer nicht zunimmt, isst nicht!
    Wer nicht zunimmt, isst nicht!
    Wer nicht zunimmt, isst nicht!
    Wer nicht zunimmt, isst nicht!
    Wer nicht zunimmt, isst nicht!
    Wer nicht zunimmt, isst nicht!
    Wer nicht zunimmt, isst nicht!
    Wer nicht zunimmt, isst nicht!
    Wer nicht zunimmt, isst nicht!
    Wer nicht zunimmt, isst nicht!
    Wer nicht zunimmt, isst nicht!
    Wer nicht zunimmt, isst nicht!
    Wer nicht zunimmt, isst nicht!
    Wer nicht zunimmt, isst nicht!
    Wer nicht zunimmt, isst nicht!

BETRUNKENE SMS SIND TABU

◆

Wir nutzen die Gelegenheit, um in diesem Buch vor dem Schreiben von betrunkenen Textnachrichten zu warnen!

Sie sind verboten!

Nur so kann die berühmte, nachts um drei Uhr geschriebene, «bedeutungsschwangere» Nachricht vermieden werden. Wie wünschenswert wäre eine App auf dem Smartphone, die automatisch den Alkoholpegel misst. Sie könnte lebensrettend sein!
Sie würde uns zum Beispiel davon abhalten, unserem Ex mitzuteilen:
«Ich denke immer noch an dich ...»[*]
Ein Satz, der weitreichende Folgen haben kann ... Insbesondere, wenn sich der Ex erdreistet zu antworten: «Wer bist du?»

> Das Gleiche gilt für Statusmeldungen auf Facebook, für Tweets etc.

---

[*] Ein Beispiel unter vielen. Gemeint sind in jedem Fall auch alle unanständigen Nachrichten, emotionalen Erpressungen und Selbstmorddrohungen, die während alkoholdurchtränkter Nächte geschrieben werden.

DER SCHULSTAR ALTERT SCHLECHT

◆

Der Schulstar von früher ist heute auch nicht mehr das, was er einmal war! Oder: Die Zukunft der «Cheerleaderin». Sicher kennst auch du so jemanden, eine, die alles hatte! Sie war hübsch, beliebt ... und insgeheim träumtest du davon, zu sein wie sie.

Zu deiner Beruhigung:
Diese Leute vergehen mit der jeweiligen Zeit, in die sie gehören.

So verhält es sich auch mit dem Schulstar, dessen Stern nach der Schulzeit verblasst ist. Dank Facebook stellst du 15 Jahre später fest:
- Sie hat einen Loser geheiratet.
- Sie hat 20 Kilo zugenommen.
- Sie hat hässliche Kinder.
- Sie hat einen fiesen Hund.
- Sie ist in einer Mittagstalkshow aufgetreten.
- Sie trägt Crocs!

Ja, Mädels ... Die Stunde der Rache ist gekommen!!

Hommage

Wir möchten dieses Buch einen Moment lang unterbrechen, um die eben ausgeführte Theorie einigen Leuten zu widmen:*

Allen guten Freundinnen
Allen, die bei Partys immer am Rand saßen
Allen, die nie zu Partys eingeladen wurden
Allen, die beim Sport immer als Letzte gewählt wurden
Allen Zahnklammerträgerinnen
Allen Klassenbesten
Allen, die flach wie ein Brett waren
Allen, die keine Markenklamotten trugen
Allen, die mit einem fiesen Spitznamen gestraft waren
Allen, die im Schwimmbad ihr T-Shirt anbehalten haben
Ja, auch allen Ulknudeln, Molligen, Tomboys, von Akne Geplagten, Spätzünderinnen, kurz, all jenen, die nie Zicken gewesen sind!

---

* Am besten liest du diesen Text laut, im Stehen und mit der Hand auf dem Herzen, während du im Hintergrund die amerikanische Nationalhymne laufen lässt.

MEG RYAN IST SCHULD

◆

Meg Ryan, die Zicke, ist an allem schuld!

Denn *Schlaflos in Seattle* hat uns doch alle verzaubert. Und nach *Dirty Dancing* glaubten wir, dass Johnny (sobald er damit fertig war, seinem Schicksal wie ein wild gewordenes Pferd hinterherzulaufen) auch uns ganz weit fort führen würde!

Gib es zu, hast nicht auch du schon von einer Liebesgeschichte «wie im Film» geträumt?
Von der perfekten Begegnung, einer problemlosen, leichten, leidenschaftlichen Beziehung ... Auch wenn die meisten von uns diesen Traum längst begraben haben, wollen es andere einfach nicht wahrhaben. Während frühere Generationen an Märchen geglaubt haben, sind wir schließlich mit dem Glauben an den Traummann aufgewachsen! Den Glauben an einen Typen wie Richard Gere in *Pretty Woman*, Johnny in *Dirty Dancing*, Big in *Sex and the City* ...

Aber sei nicht allzu enttäuscht:
So wie die perfekte Frau eine Zicke ist, wird sich der Traummann als Affe entpuppen!
Denn den wahren Traummann gibt es genauso wenig wie die wirklich perfekte Frau.

Regel Nr. 16

♦

*Verkünde niemals in der Öffentlichkeit:
«Cool!! André Rieu hat eine
Triple Best Of rausgebracht!»*

PERVERSERWEISE ANZIEHEND

✦

Ein perverserweise anziehender Mann, im Folgenden PA genannt, ist jemand, von dem du dich angezogen fühlst (physisch, sexuell ...), obwohl es dich selbst überrascht.
Typischerweise ist er ganz anders als die Männer, mit denen du sonst zusammen bist. Dennoch fühlst du dich aus irgendeinem Grund zu ihm hingezogen!
Nicht einmal mit den engsten Freundinnen traust du dich darüber zu reden und würdest es gern als «Wahnvorstellung», «Das macht man nicht», ja sogar als «gesetzeswidrig» abtun.

«Er ist fett, behaart und hässlich, aber wenn ich ihn auf seinem Motorrad sehe ...»: **PA**
«Das geht gar nicht?! Ich könnte seine Mutter sein ...»: **PA**
«Der Typ hat weder Job noch Wohnung. Er lebt in seinem Van und surft den ganzen Tag!»: **PA**
«Eigentlich bin ich zu alt, um für ein Teenie-Idol zu schwärmen!»: **PA**
«Mein Nachbar ist ein Grufti, echt faszinierend. Er hat fast was von einem Vampir.»: **PA**

Wenn du dir überlegst, wie dein PA aussähe, kannst du viel über dich selbst lernen.

Die häufigsten PAs:
- Typen mit einem im Fitnessstudio gestählten Body
- Countrysänger
- Tänzer in Musicals
- Väter von guten Freunden
- Jüngere Brüder von Freundinnen
- Tätowierte Biker
- Animateure

PROFILBILDANALYSE MÄNNER

✦

Der Mann, den du dir potenziell als zukünftigen Freund vorstellen könntest, hat auf Facebook ein Foto von sich eingestellt:

- von sich und seinen Kumpels: **cool**
- von sich und einem Kumpel: **schwul**
- von sich und seiner Ex: **weiß nicht, was er will**
- von sich, verkleidet: **depressiv**
- von einem Staatschef: **beunruhigend**
- von einer Landschaft: **scheußlich**
- von einem extrem scheußlich aussehenden Typen (nicht sich selbst): **scheußlich, aber lustig**
- von einem extrem gut aussehenden Typen (nicht sich selbst): **scheußlich und traurig**
- von einer kleinen Katze: **schwul**[*]
- von einer kleinen toten Katze: **psychopathisch**

---

[*] Vgl. Kapitel «Schwul oder nicht?», S. 117.

MISSGLÜCKTE DATES

◆

Vor einem ersten Date solltest du immer mit einer Freundin einen Notfallplan ausarbeiten, der dich bei Bedarf rettet. (Wenn du zum Beispiel feststellst, dass er hässlich wie die Nacht ist, geizig, Curling-Fan etc.)

Um aus der Situation zu entkommen, braucht deine Freundin (und Komplizin) dich nur während des Essens anzurufen, worauf du gegebenenfalls mit gespielter Überraschung reagierst:
«Hallo! Was??! Spring nicht! Ich komme sofort!»
«Hallo! Was??! *Dirty Dancing* **läuft gerade? Ich komme sofort!»**
«Hallo! Was??! Was hat er mit dem Mähdrescher vor? Ich komme sofort!»

Regel Nr. 17

◆

«Das kannst du dir in den Arsch schieben!»
ist nie eine passende Antwort.

SCHWUL ODER NICHT?

◆

Beschäftigen wir uns einen Moment lang mit dem «modernen Mann», der in Frauenmagazinen auch gern als «metrosexuell» bezeichnet wird. Mit anderen Worten, dem Mann, der auch zu seiner femininen Seite steht. Es ist nicht zu leugnen, dass sich der Mann weiterentwickelt hat. Schön für ihn ... Doch das bleibt nicht ohne Folgen. Tatsächlich gerät unser Gaydar* damit vollkommen durcheinander!

Die Frage ist: Wie kannst du einen echten Schwulen von einem falschen unterscheiden?

- ☐ Er bestellt einen Kir.
- ☐ Er kennt den Unterschied zwischen den Farben «Orange» und «Koralle».
- ☐ Er kennt die Namen der Schauspielerinnen von *Gossip Girl*.
- ☐ Er kann ein Risotto zubereiten.
- ☐ Er findet Justin Timberlake sexy.
- ☐ Er kann Johnnys Tanz in der Abschlussszene von *Dirty Dancing* nachtanzen.
- ☐ Er kennt *Dirty Dancing*.
- ☐ Er küsst seine «Freunde» zur Begrüßung auf den Mund.
- ☐ Er tätschelt seinen «Freunden» zur Begrüßung den Penis.

---

* Fiktives Sinnesorgan, das ausschlägt, sobald man einen homosexuellen Menschen zu erkennen glaubt.

Wenn du mehr als vier Kreuze gemacht hast, ist das Risiko hoch, dass er mit dir in das Musical *Mamma mia* gehen will!

Wenn er sich dennoch als heterosexuell entpuppt, zögere nicht und heirate ihn!

DER SHARK

◆

Definition nach der Larousse-Enzyklopädie: «Fisch aus der Klasse der Knorpelfische mit stromlinienförmigem Körper, der in einer spitzen Schwanzflosse endet. Seitlich an seinem Körper befinden sich Kiemenspalten [...] Haie beflügeln die Phantasie des Menschen. Neben der Angst vor einem Angriff üben sie auch eine Faszination auf Menschen aus, die seit Jahrhunderten ungebrochen ist. Während sie auf den Salomoninseln und der Insel Tonga wie Götter verehrt werden, stehen sie im Abendland für den Tod, der unerwartet durchs Meer geschossen kommt.»

Der Shark ist ein Raubtier*, das sich am Ende des Abends leichte Beute sucht ... dich! Ein unaufmerksamer Moment, ein Glas zu viel, eine Freundin, die dich allein lässt, um auf die Toilette zu gehen, und schon greift er an! Der Shark handelt schnell, präzise und effektiv! Nicht wenige von uns haben schon einen Sharkangriff erlebt und leiden noch heute darunter.

Deshalb sieh dich vor, und vergiss nie, dass ein Shark auf Beutefang unterwegs sein könnte!

---

* Ein Raubtier bleibt ein Raubtier und lässt sich nicht zähmen. Seine wahre Natur kann man nicht ändern, deshalb unser Rat: Halte dich von ihm fern!

WIE DU BEI EINEM TYPEN EINDRUCK SCHINDEST

◆

Der Mann ist nicht das komplexe Wesen, als das er gern gesehen würde. Auch heute noch ist es sehr einfach, bei ihm Eindruck zu schinden und ihn damit für sich zu gewinnen:

- Die Abseitsregeln lernen.
- Das Bein hinter den Kopf legen können.
- Eine Bierflasche mit einem Feuerzeug, dem Unterarm oder den Zähnen öffnen können.
- Behaupten, man hätte lesbische Erfahrungen gemacht (vielleicht sogar mehrfach).
- Mehrfach beim Fifa-Computerspiel gewinnen.
- Gitarre spielen lernen (ein Stück reicht ... vergessen wir nicht, dass Männer gutgläubige Wesen sind).
- Ein oder zwei Standardsätze zum aktuellen Fußball-Transfermarkt beitragen können.
- Behaupten, man sei mit Audrey Tautou befreundet.
- Immer vor ihm das neueste Apple-Produkt besitzen.
- Die Namen aller *Asterix*-Charaktere sowie alle Dialoge aus *Star Wars* aufsagen können.
- Einen Vergaser reparieren können.
- Wissen, was ein Vergaser ist.

Wenn dir diese Liste angesichts des hochentwickelten Wesens eines Mannes allzu vereinfacht erscheint ... dann bist du ziemlich naiv!

EIN VETO EINLEGEN

✦

Das Wort «Veto» stammt aus dem Lateinischen und bedeutet wörtlich: «Ich bin dagegen!»
Im vorliegenden Fall: «Ich bin dagegen, dass eine andere Frau diesen Typen anbaggert.»

> Das Recht, ein Veto einzulegen, hat diejenige, die es zuerst sagt, und nicht, wie viele glauben, diejenige, die ihn zuerst sah.

Deshalb ist es so wichtig, dir schnell darüber klarzuwerden, ob du einen Typen attraktiv findest oder nicht.

Zitat Melanie: «Wir waren auf denselben Typen scharf, aber da sie neulich nichts dagegen hatte, dass ich mir die gleiche Strickjacke kaufe wie sie, habe ich ihn ihr überlassen.»

Anmerkung: Vgl. auch die traditionelle Redewendung: «Wer zuerst kommt, mahlt zuerst.»

AUSNAHMEN VOM VETORECHT

◆

Wenn zwei Frauen gleichzeitig zum Ausdruck bringen, dass sie denselben Typen attraktiv finden.
In dem Fall bekommt diejenige den Zuschlag, die ihn zuerst sah.

Wenn ihn beide gleichzeitig gesehen haben.
In dem Fall bekommt diejenige den Zuschlag, die länger Single ist.

Wenn beide gleich lange Single sind.
In dem Fall versucht man eine «gütliche» Einigung zu erreichen, bei Bedarf mit Hilfe eines Mediators.

Die Einigung kann mit einer Spende (ein Kleidungsstück, ein Accessoire, ein Schönheitsartikel ...) für diejenige besiegelt werden, die das Nachsehen hat.

Auch wenn das Konzept des Vetos ein wenig banal wirken mag, liegt es uns natürlich fern, den Mann als Objekt anzusehen ... zumindest öffentlich! Aus Rücksicht auf ihn darf er natürlich keinesfalls etwas von dem seinetwegen eingelegten Veto erfahren! Verhalte dich diskret!!

Anbei einige Veto-Bons zum Ausschneiden, um sie Konkurrentinnen unter die Nase zu halten.

VETO-BON

Dieses «Veto» gilt ab heute und für eine
Dauer von drei Monaten.
Unter Androhung von Strafe hat keine(r)
das Recht, den mit einem Veto Belegten in
irgendeiner Form anzubaggern.

VETO-BON

Dieses «Veto» gilt ab heute und für eine
Dauer von drei Monaten.
Unter Androhung von Strafe hat keine(r)
das Recht, den mit einem Veto Belegten in
irgendeiner Form anzubaggern.

VETO-BON

Dieses «Veto» gilt ab heute und für eine
Dauer von drei Monaten.
Unter Androhung von Strafe hat keine(r)
das Recht, den mit einem Veto Belegten in
irgendeiner Form anzubaggern.

Regel Nr. 18

◆

*Bei kitschigen Fernsehfilmen darf geheult werden ...
besonders bei Weihnachtsfilmen.**

* Die zum Beispiel davon handeln, dass unverhofft ein Großvater zu Weihnachten auftaucht, jemand zum Fest ein neues Herz bekommt, oder von dem tragischen Schicksal, Weihnachten ein zwölfjähriges Waisenkind mit Holzbein zu sein ...

MERKZETTEL FÜR MÄDCHEN, DIE MÄNNER BESSER VERSTEHEN WOLLEN

◆

ER SAGT   **ER DENKT**

Ich mag Mädchen mit Kurven.
      Ich mag große Brüste, aber keine schwabbeligen.

Willst du dich nicht umziehen?
      Das Kleid steht dir nicht.

Dass das keine echten Brüste sind, sieht man sofort.
      Würde ich mir gern mal näher ansehen, um sicher zu sein.

Du bist total nett!
      Schade, dass du so hässlich bist!

Sabrina ist echt vulgär.
      Sie ist bestimmt gut im Bett.

Wir telefonieren.
      Ich ruf dich nicht an.
(Sonst hätte er gesagt: «Ich rufe dich an.»)

Sie ist nur eine Freundin.
      Ich habe noch nie die Gelegenheit gehabt, mit ihr ins Bett zu gehen.

Ich mag Frauen, die Humor haben!
Aber lustiger als ich dürfen sie nicht sein.

Hättest du nicht mal Lust auf was Neues?
Ich hätte Lust auf einen Dreier mit Sandrine.

Jetzt bin ich reif für eine ernsthafte Beziehung.
Ich bin mit allem im Bett gewesen, was sich bewegt.

Ich brauche eine ruhigere Frau.
Ich will nicht, dass man mir die Show stiehlt.

Vielleicht begehe ich den größten Fehler meines Lebens, wenn ich dich verlasse.
Ich behalte dich in der Hinterhand, falls ich mal das Bedürfnis habe.

Ich lasse es lieber langsam angehen.
Ich habe Erektionsprobleme.

DIE METHODE GLEICHGÜLTIGKEIT

◆

«Ich bin unfähig, einen Typen anzubaggern, der mir gefällt! Stattdessen tue ich immer so, als wäre er mir vollkommen gleichgültig, und halte Abstand ... Es ist ganz einfach: Ich schaue ihn nicht an! Ich spreche ihn nicht an! Und ... ich komme nicht weiter!»

Die Methode Gleichgültigkeit führt zu nichts!

Auch du hast sicher noch nie einen Typen erlebt, den du den ganzen Abend nicht beachtet hast und der dich dann mit den Worten angesprochen hat: «Eh, ich habe bemerkt, dass du mich nicht beachtet hast ... und deshalb bin ich total scharf auf dich!»
Das gibt es nicht! Zugängliche Frauen sind für Männer wesentlich attraktiver. Er wird mit der kleinen Blonden abziehen, die superaufreizend[*] getanzt hat, während du den Roboter gegeben hast ...

---

[*] Siehe Kapitel «Schlampe oder nicht?», S. 67.

Kurzfristig kommst du nicht weiter, wenn du dich gleichgültig gibst. Als Teil einer langfristigeren Strategie kann es sich hingegen durchaus als sinnvoll erweisen. Aber auch in diesem Fall solltest du kein Risiko eingehen und achtsam bleiben, wie sich potenzielle Konkurrentinnen verhalten. Gegebenenfalls einen Veto-Bon einsetzen (S. 123).

Regel Nr. 19

◆

Trinke niemals in Gegenwart des Freundes einer guten Freundin Alkohol, wenn du ihn nicht ausstehen kannst! Ein Spruch wie «Dein Freund ist echt scheiße!» könnte dir dann allzu leicht über die Lippen kommen.

DU LÄSST IHN SCHMOREN

✦

O ja, es gehört zum guten Ton, einen Typen ein bisschen schmoren zu lassen. Hier erfährst du, warum. Schließlich willst du weder verzweifelt wirken, noch willst du ihn unter Druck setzen … Vor allem aber zeigst du ihm damit, dass «die Sache noch nicht in trockenen Tüchern ist». (Auch wenn sie es eigentlich doch ist.)

All diese Gründe, so ungerechtfertigt sie sein mögen, veranlassen uns dazu, seltsame Dinge zu tun:

- ✦ «Ich hebe nicht ab, dann glaubt er, dass ich sehr beschäftigt bin und ein irre spannendes Leben führe!»
- ✦ «Ich hebe ab und melde mich mit ‹Hallo? Steve?›, worauf er sich fragen wird: ‹Wer ist Steve?› und total eifersüchtig ist.»
- ✦ «Ich rufe ihn nicht an, dann glaubt er, ich sei nicht interessiert, und lernt eine andere kennen. Aber in dem Moment, in dem er am wenigsten damit rechnet, melde ich mich wieder! Clever, nicht?»

> Sehr verbreitet für solche Fälle ist die «Drei-Tage-Regel», die darin besteht, drei Tage zu warten, bevor du dich bei dem Objekt der Begierde meldest. (siehe nächste Seite)

DIE DREI-TAGE-REGEL

◆

Nach umfassender Recherche haben wir herausgefunden, dass die «Drei-Tage-Regel» auf die Auferstehung eines gewissen Jesus Christus zurückgeht. «Wow! Unglaublich!» Ja, so haben wir auch reagiert! Die Legende besagt, dass Jesus nach seinem Tod drei Tage lang gewartet hat, bevor er ins Leben zurückgekehrt ist.

> Jesus hat genau drei Tage gewartet, bevor er auferstanden ist! Vier wären zu viel gewesen, zwei zu wenig. Wenn er eher zurückgekehrt wäre, hätten einige noch nicht einmal bemerkt, dass er überhaupt tot war: «Jesus? Der soll tot sein? Nein?! Bist du sicher? Wann ist er gestorben? Mir erzählt ja niemand was!»
> Wenn er jedoch länger gewartet hätte: «Ach ja, der Jesus. Der ist letzte Woche gestorben ... Aber wusstest du schon, gestern ist Petrus gestorben?! Schrecklich!»
> Drei Tage waren also das perfekte Timing.

Regel Nr. 20

◆

*Beginne einen Satz niemals mit den Worten:
«Mein Psychiater sagt ...»*

Regel Nr. 21

◆

*Beginne einen Satz niemals mit den Worten:
«Meine Katze meint …»*

WOHER DU WEISST, DASS EIN TYP ZU JUNG FÜR DICH IST

◆

- Er siezt dich.
- Er nennt dich Mama.
- Er weiß nicht, wer Dylan McKay ist.
- Er hat nie etwas auf einer Diskette gespeichert.
- Er hat eine Mordsangst vor den Abiklausuren.
- Er kennt Alf nicht. (Null Problemo?)
- Er hat nie Mark, französische Francs oder Lira ausgegeben.
- Er hält Arnold Schwarzenegger für einen amerikanischen Politiker.
- Seine besten Anekdoten beginnen mit: «Wir hatten gerade Mathe, als ...»
- Er glaubt, Dieter Bohlen wäre durch DSDS bekannt geworden.
- Er kennt VHS nur vom Hörensagen.
- Er hat schon mal von Lady Di gehört, ist sich aber nicht sicher, ob sie wirklich gelebt hat.

SOLLTE DER ERSTE ABEND IM BETT ENDEN?

◆

Auf jeden Fall sollte der erste Abend im Bett enden! Angesichts der aktuell schwierigen Lage solltest du dir keine Gelegenheit entgehen lassen.* Was glaubst du denn? Selbst One-Night-Stands werden immer rarer …

Und die Behauptung, dass er sich nicht wieder meldet, wenn man beim ersten Date miteinander im Bett gewesen ist, stimmt nicht! Das ist eine urbane Legende, die entstanden ist, um Frauen ein schlechtes Gewissen zu machen. (Es sei denn, der Typ ist zwischen 25 und 38 und wohnt in Berlin, Paris oder einem anderen Ort mit mehr als 15 000 Einwohnern. In dem Fall wird er tatsächlich nicht anrufen!)

Ausnahmen von dieser Regel:
- Wenn du minderjährig bist.
- Wenn du die große Liebe suchst.
- Wenn der Typ ein Psychopath ist.

---

* Betrifft Frauen, die älter als 28 Jahre sind.

WARUM BIN ICH EIGENTLICH MIT IHM INS BETT GEGANGEN?

◆

- Ich habe mich verpflichtet gefühlt, weil er im Restaurant die Rechnung bezahlt hat.
- Es schien ihm wichtig zu sein.
- Er hat mir erzählt, dass er einen amerikanischen Kühlschrank besitzt, und ich liebe amerikanische Kühlschränke, weil man damit Eiswürfel machen kann!!!
- Ich führe über meine Eroberungen Buch und wollte gern auf eine runde Zahl kommen.
- Er hat behauptet, für keine andere Frau je so empfunden zu haben …
- Er ist Jungfrau mit Aszendent Stier.
- Er hat mir unterstellt, ich würde mich nicht trauen.
- Er liebt kleine Katzen, Delfine und Waldspaziergänge.
- Ein Missverständnis …
- Wenn ich jemanden küsse, gehe ich auch mit ihm ins Bett. Meine Quote liegt bei 80 Prozent.
- Ich habe ihn mit jemand anderem verwechselt.
- Wir hatten uns nichts mehr zu erzählen …
- Weil ich noch nie mit einem Chinesen geschlafen hatte.
- Er hat «Bitte» gesagt.
- Ich wohne superweit draußen, und es kam mir gelegen, weil seine Wohnung über der Bar lag.

Regel Nr. 22

♦

*Garnelen werden nicht mit
Messer und Gabel gegessen, und
daran gibt es nichts zu rütteln.*

DER HALBFETTE

♦

«Ein Übel, schreckhaft, wo es je erstand,
Ein Übel, das des Himmels Zorn erfand,
Der Erde Übeltun zu rächen.»
Jean de la Fontaine, *Die Pest unter den Tieren*

Zugegeben, La Fontaine sprach über die Pest und nicht über den Halbfetten. Aber ist der Halbfette nicht die Pest unserer Zeit? Ja, diese These stellen wir hier auf!!

> **Definition des Halbfetten**: Übergangsphase, während der die Schwellkörper lediglich mittelmäßig durchblutet sind. Im weiteren Sinne der Zustand zwischen Ruhe und Erektion.
> Mit anderen Worten: Wenn er weich ist.

Wie groß ist die Enttäuschung, wenn wir voller Tatendrang sind und dann feststellen, dass unser Partner bei Weitem nicht so erregt ist wie erhofft.

Natürlich hat er eine gute Ausrede parat:
zu viel Alkohol
zu müde
zu viel Stress

«Ich verstehe das nicht, das ist mir noch nie passiert.»
«Ich habe einfach zu viel Respekt vor dir!»

Wir haben, verdammt noch mal, die Pflicht, das Gesetz des Schweigens zu brechen.
Zu viele Halbfette = Schlappschwanz.

MACHT NICHTS, DAS PASSIERT JEDEM MAL

◆

> **FALSCH!**

Zunächst haben wir nichts Böses geahnt:
«Beim ersten Mal ist es nie so toll ...»
«Na ja, war wohl nicht so erfolgreich ...»
«Wir haben ja heute Abend nicht gerade wenig gebechert ...»
Doch dann haben wir Frauen angefangen, untereinander darüber zu reden, bis wir schließlich nach umfassenden Recherchen, Umfragen und Zusammenführung von Informationen zu dem erschreckenden Schluss gekommen sind:

Männer kriegen keinen Ständer mehr.

Und das Schlimmste ist, dass Frauen glauben, es wäre ihr Fehler.
«Ich habe mir die Schuld daran gegeben, weil ich dachte, ich wäre nicht aufregend genug.»
«Ich weiß offenbar nicht, wie man es richtig macht.»
«Vielleicht habe ich ihn überrumpelt ...»

> Wacht auf, Mädels, auch beim Thema Sex sollten wir auf ein gewerkschaftlich ausgehandeltes Minimum bestehen!

DIE RÜCKKEHR DER SCHAM

◆

International bekannt unter dem Namen *Walk of Shame*. Jener Moment, in dem man nach einer unglaublichen Nacht (in einem Club oder nach wildem Sex) frühmorgens nach Hause kommt und Leuten begegnet, die ganz normal zur Arbeit gehen. Mit anderen Worten, wenn die, die sich schlafen legen, auf die treffen, die gerade aufgestanden sind ...

Was dich verrät:
- Du trägst noch dieselbe Kleidung wie am Vortag.
- Eine welke Rose ragt aus deiner Tasche.
- Du hältst deine High Heels in der Hand.
- Dein amüsierter Gesichtsausdruck sagt: «Scheiße, was habe ich nur getan?!»

In dem Moment spürst du, dass sich die anderen gerade ihr Urteil bilden ...

Du weißt, dass sie Bescheid wissen!

Um Haltung zu bewahren, hilft es, sich eines Accessoires zu bedienen, das den anderen zu verstehen gibt: «Was ist? Ich bin wie ihr und beginne meinen Tag!»
Ein Baguette unter dem Arm oder eine Zeitung eignen sich hierfür hervorragend.

SAG MIR, WIE VIELE SEXUALPARTNER DU HATTEST, UND ICH SAGE DIR, WER DU BIST

◆

Laut einer französischen Umfrage aus dem Jahr 2007 haben Frauen im Durchschnitt 4,4 Sexualpartner in ihrem Leben. (In den siebziger Jahren lag die Zahl noch bei 1,8. 1992 dann schon bei 3,3.) Männer haben im Durchschnitt 11,6 Sexualpartner in ihrem Leben. (Im Vergleich zu den siebziger Jahren gibt es hier keinen Aufwärtstrend.)

Die Anzahl seiner Sexualpartner zu kennen ist wichtig. Deshalb sollte man eine Liste führen.

Diese Liste darf auf keinen Fall in die Hände des männlichen Geschlechts geraten.
Diese Regel kennt keine Ausnahme.

LISTE DER SEXUALPARTNER

♦

«32 ... Na ja, weniger als Madonna, aber mehr als Lady Di.» Diesen berühmten Satz sagt Andie MacDowell in *Vier Hochzeiten und ein Todesfall*.

Und wie sieht es bei dir aus?
　Kein einziger: **Du bist Jungfrau.**
　Zwischen 1 und 5: **Hmmm ... da liegst du im Durchschnitt.**
　Zwischen 10 und 20: **Na also ... gar nicht schlecht.**
　Mehr als 20: **Recht hast du.**
　Mehr als 30: **Tu dir keinen Zwang an!**
　Mehr als 50: **Du hast gut gelebt.**
　Mehr als 150: **Du bist Madonna.**

In keinem Fall darfst du dich deshalb für schlecht halten! Das werden andere für dich tun ...

DEINE «PARTNER»-LISTE

- ....
- ....
- ....
- ....
- ....
- ....
- ....
- ....
- ....
- ....
- ....
- ....
- ....
- ....
- ....
- ....
- ....
- ....
- ....
- ....
- ....
- ....
- ....
- ....
- ....

Regel Nr. 23

◆

Beim Pinkeln den Wasserhahn laufen zu lassen ist albern ... Die Leute sind nicht blöd!

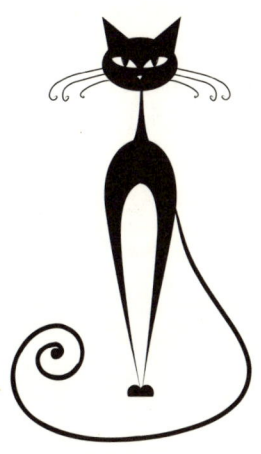

ICH LIEBE DICH, MEIN SCHLAPPSCHWÄNZCHEN

◆

Wenn du verliebt bist, glaubst du, allein auf der Welt zu sein, was bisweilen zu Problemen führen kann. Zum Beispiel machst du dir nicht unbedingt bewusst, dass die (albernen) Spitznamen, die du deinem Partner gibst, in der Öffentlichkeit mitleiderregend klingen könnten …
(Ganz abgesehen davon, dass wir mit unserem Liebsten oft mit einer Stimme sprechen, als wäre er vier Jahre alt …)

«Er nennt mich Dickerchen, und ich finde das total süß!»
«Wir sind seelenverwandt, deshalb nenne ich ihn TIC und er mich TAC.»

Die Klassiker
(Liebling, Schatz, Süßer …)

Zusammengesetzte Spitznamen
(feuriges Pferd, Schnuckelschlange,
Südseeschönheit …)

DO

Süßes Tier
(Maus, Häschen, Küken …)

Hässliches Tier
(meine Ratte, meine Motte, mein Schnabeltier …)

DON'T

Spitzname, der auf die Anatomie des menschlichen Körpers anspielt
(Milz, Leber, Schlappschwänzchen,
künstlicher Darmausgang …)

HILFE, MEIN FREUND TRÄGT CROCS!

✦

Wahrscheinlich will er dich blamieren, öffentlich bloßstellen und die Welt daran erinnern, dass du einen Besseren hättest kriegen können, dich dann aber mit ihm begnügt hast.*

Klamotten, die gar nicht gehen:
- **Slips** (außer bei Italienern und Animateuren im Club Med)
- **Protzige Markenlogos** (Dolce & Gabana, Ed Harvey, Waïkiki … Das ist vorbei, Jungs! – auch an Gürtelschnallen)
- **Schlüsselanhänger mit Karabinern** (oder Schnullern)
- **Rosafarbene Kleidungsstücke** (zwischen September und April)
- **Boloties** (Cowboy-Krawatte)
- **Kurzärmelige Hemden**
- **Bananen** (längliche Taschen, die man sich um die Hüfte bindet) sowie Portemonnaies mit Klettverschluss
- **T-Shirts mit humoristischen Sprüchen**

---

* Theorie unserer Freundin Fanny.

Männer sind oft vernarrt in ein bestimmtes grässliches Kleidungsstück (ein Hut, der ihnen überhaupt nicht steht, eine alte Hose mit afrikanischem Muster, ein Paar Steppschuhe ...).
Auf keinen Fall solltest du dich dazu hinreißen lassen, dich mit ihm in so einem Aufzug öffentlich zu zeigen.
Da Diskutieren zwecklos ist (heimtückisch wird er behaupten: «Ist ja nur für zu Hause!»), mach kurzen Prozess und schmeiß das Corpus Delicti in den Müll!

T-SHIRTS MIT HUMORISTISCHEN SPRÜCHEN SIND GRUNDSÄTZLICH VERBOTEN

◆

VERBOTEN!!

Regel Nr. 24

♦

*Nie mehr lässt du dich
mit einem Psychopathen ein,
auch wenn er entfernt an
Orlando Bloom erinnert.*

DIE BECKHAMS SIND BLÖD

◆

Genau wie alle anderen Paare, die sooo perfekt wirken.
Sie sind schön, reich, haben wundervolle Kinder und die unangenehme Angewohnheit, uns ihr Glück ständig auf die Nase zu binden!
Aber stell dir einmal ehrlich die Frage: Beneidest du sie wirklich? Und gibt es das überhaupt – ein perfektes Paar? (Und wenn du jetzt an Chandler und Monica denkst, müssen wir dich leider enttäuschen und dir die Nachricht überbringen, dass sie ein fiktives Paar sind.)
Doch das nervigste Paar von allen ist[*]

---

[*] Die Autorinnen sehen sich außerstande, dieses Kapitel zu beenden, nachdem sie erfahren haben, dass sich Johnny Depp und Vanessa Paradis endgültig voneinander getrennt haben. Wir danken für das Verständnis in diesen schweren Zeiten.

HILFE, MEIN FREUND IST GEIZIG!

◆

Einer der schlimmsten Makel, die ein Mann haben kann, ist wahrscheinlich Geiz!
Von daher ist es sehr wichtig, diese Eigenschaft so früh wie möglich zu entlarven.

Zutreffendes bitte ankreuzen:
- ☐ Im Restaurant schlägt er jedes Mal vor, die Rechnung zu teilen.
- ☐ Er notiert jede Ausgabe in einem kleinen Heft, sobald er wieder zu Hause ist.
- ☐ Er ist am Silvesterabend im Skiurlaub im Singlet losgezogen, um die Kosten für die Garderobe zu sparen.
- ☐ Er bittet dich, die Punkte auf den Kit-Kat-Packungen zu sammeln (wenn man 100 Kit-Kat gekauft hat, ist das 101. umsonst.)
- ☐ Er hat dir zu Weihnachten einen Gutschein für «10 Streicheleinheiten» geschenkt.
- ☐ Er hebt sich den Rest des Snickers für später auf.
- ☐ Er findet es «ärgerlich, eine Cola trinken zu gehen, wenn er doch Cola zu Hause hat».

Ergebnis:
Mehr als zwei Kreuze: **Der Typ ist geizig.**
Mehr als drei Kreuze: **Du musst damit rechnen, dass er dir dein Portemonnaie klaut.**
Mehr als fünf Kreuze: **Der Typ ist einfach scheiße!**

Beim ersten Rendezvous wird die Rechnung nicht geteilt!
Diese Regel kennt keine Ausnahme.

Regel Nr. 25

◆

Fließend Italienisch sprechen ist mehr, als nur ein «a», «i» oder «o» an jedes Wort zu hängen.

SOLL ER HEUTE SEINEN SPASS HABEN

◆

Die perfekte Frau ist immer in der Lage und in der Laune, Geschlechtsverkehr zu haben. Stets erfüllt sie ihre «eheliche Pflicht» mit unverhohlener Freude.
Doch wir sind eben nicht perfekt! Soll diejenige, die noch nie zum Verrecken keine Lust hatte, den ersten Stein werfen!

«Bringen wir es hinter uns, dann bleiben mir immerhin noch 6,5 Stunden Schlaf.»
«O nein, nicht jetzt. Ich habe doch gerade geduscht!»
«Ich werde mir in den Kalender schreiben, dass wir es heute gemacht haben, damit ich beim nächsten Mal nachweisen kann ...»
«Manchmal sage ich mir, soll er heute seinen Spaß haben, dann habe ich wenigstens den Rest der Woche Ruhe.»
«Wenn wir am Dienstag Sex haben, kann ich am Mittwoch in Ruhe *Grey's Anatomy* gucken.»
«Meinetwegen, dann aber schnell!»

> Die Autorinnen stellen großzügig Gutscheine «für die Befreiung vom Geschlechtsverkehr» zum Ausschneiden zur Verfügung, die du deinem Partner geben kannst, wenn du an bestimmten Abenden lieber deine Lieblingsserie sehen willst.

GUTSCHEIN FÜR EINE BEFREIUNG VOM GESCHLECHTSVERKEHR

Dieser Gutschein gilt ab heute und
bis morgen früh.
Er befreit die Inhaberin dieses Gutscheins
vom Geschlechtsverkehr.

GUTSCHEIN FÜR EINE BEFREIUNG VOM GESCHLECHTSVERKEHR

Dieser Gutschein gilt ab heute und
bis morgen früh.
Er befreit die Inhaberin dieses Gutscheins
vom Geschlechtsverkehr.

GUTSCHEIN FÜR EINE BEFREIUNG VOM GESCHLECHTSVERKEHR

Dieser Gutschein gilt ab heute und
bis morgen früh.
Er befreit die Inhaberin dieses Gutscheins
vom Geschlechtsverkehr.

**GUTSCHEIN FÜR EINE BEFREIUNG
VOM GESCHLECHTSVERKEHR**

Dieser Gutschein gilt ab heute und
bis morgen früh.
Er befreit die Inhaberin dieses Gutscheins
vom Geschlechtsverkehr.

**GUTSCHEIN FÜR EINE BEFREIUNG
VOM GESCHLECHTSVERKEHR**

Dieser Gutschein gilt ab heute und
bis morgen früh.
Er befreit die Inhaberin dieses Gutscheins
vom Geschlechtsverkehr.

**GUTSCHEIN FÜR EINE BEFREIUNG
VOM GESCHLECHTSVERKEHR**

Dieser Gutschein gilt ab heute und
bis morgen früh.
Er befreit die Inhaberin dieses Gutscheins
vom Geschlechtsverkehr.

Regel Nr. 26

♦

Behaupte nie mehr, mit Samu Haber befreundet zu sein, nur weil er deine Freundschaftsanfrage auf Facebook angenommen hat.

LISTE DER FRAGEN, DIE DU NICHT STELLEN SOLLTEST, WENN DU DIE ANTWORTEN NICHT HÖREN MÖCHTEST

✦

- Ist Sandrine besser als ich?
- Bin ich dicker geworden?
- Fehle ich dir?
- Findest du, dass mir das zu eng ist?
- Mit wie vielen Frauen hast du vor mir geschlafen?
- Findest du Scarlett Johansson sexy?
- Findest du, dass mir Rot steht?
- Soll ich mir die Brüste machen lassen?
- Was ist dir lieber? Eine Frau, die schön, aber dumm ist, oder eine, die hässlich, aber intelligent ist?
- Masturbierst du eigentlich immer noch?
- Was hältst du von älteren Männern mit junger Freundin?
- Ist es dir schon mal passiert, dass du an eine andere Frau gedacht hast, während du mit mir geschlafen hast?
- Was habt ihr eigentlich auf Alex' Junggesellenabschied in Barcelona* genau gemacht?
- Glaubst du, dass unsere Beziehung für immer ist? (Insbesondere zu vermeiden, wenn es sich um einen Animateur im Club Med handelt)

---

* Vgl. Kapitel «Wie du eine Freundin öffentlich bloßstellst», S. 84.

HUCH,
ICH HABE IHN BETROGEN!

◆

Ja, es gibt die alte Behauptung, dass auch Blasen und Lecken als Fremdgehen gilt.
Übersehen wird allerdings immer, dass es auf dem Gebiet des Fremdgehens eine Gesetzeslücke gibt.

Als Fremdgehen gilt es nicht:
- in den Ferien
- mit einer Frau
- mit einem Typen, dessen Vorname auf «o» endet (Diego, Pablo, Roberto ...)
- auf der anderen Seite des Äquators

Diese Liste kann je nach persönlicher Erfahrung beliebig fortgesetzt werden.

....
....
....
....
....
....
....
....
....

WOHER DU WEISST, DASS ER DICH VERLASSEN WIRD

◆

«Ich habe überhaupt nichts geahnt!» Wer hat diesen Satz noch nie gehört?! Doch sei ehrlich, manchmal gab es sehr wohl Anzeichen!!

- Er weint beim Sex.
- Er ruft dich mit den Worten: «He, du da hinten!»
- Er hat auf seiner Facebook-Seite «In einer Beziehung» rausgenommen, weil es angeblich niemanden etwas angeht! Das sei Privatsache.
- Früher hat er dich «Perle» genannt, jetzt nennt er dich «Plotsch».
- Er hat auf die letzten 47 SMS nicht geantwortet.
- Er gibt dir zur Begrüßung die Hand.
- Er hat seine Telefonnummer geändert.
- Wenn er über dich spricht, redet er von «meiner Mitbewohnerin».
- Seine Sachen verschwinden nach und nach aus der Wohnung, und sein Name steht nicht mehr am Briefkasten.
- Er fordert den Ring zurück, den er dir geschenkt hat.
- Er hat um seine Schlüssel gebeten.
- Er besteht wieder auf Kondomen.
- Er hat dir seine neue Freundin vorgestellt.

Regel Nr. 27

◆

Schnee essen ist tabu ...
zumindest wenn er gelb ist.

HURT ME ONCE, SHAME ON YOU!
HURT ME TWICE, SHAME ON ME!

◆

Eine alte Lebensweisheit, die so viel bedeutet wie: «Schäm dich, wenn du mir einmal wehtust! Beim zweiten Mal muss ich mich schämen.»

> **Mit anderen Worten: Ein Unfall kann passieren ... Einer, aber nicht zwei!**

Beherzige dieses Gebot. Damit gewinnst du Zeit, und vor allem ist es beliebig übertragbar:

Schäm dich, wenn du mich einmal schlecht vögelst, beim zweiten Mal muss ich mich schämen!
Schäm dich, wenn du einmal fremdgehst, beim zweiten Mal muss ich mich schämen!
Schäm dich, wenn ich einmal deinetwegen meine Lieblingsserie verpasse, beim zweiten Mal muss ich mich schämen!

Regel Nr. 28

◆

*Widerstehe der Versuchung,
dir ein Fleischkleid anzufertigen,
nur weil du es bei Lady Gaga gesehen hast.*

BEISPIELE, UM PER SMS SCHLUSS ZU MACHEN

◆

Der Klassiker — **Es liegt nicht an dir …**

Der Rätselfreak — **Es beginnt mit dem ersten Buchstaben des Alphabets und endet mit dem französischen Wort für Gott.**

Der Schelm — **Was glaubst du wohl, wer sitzengelassen wird?**

Der Komiker der alten Schule — **Dies ist die Geschichte eines Jungen, der in die Welt hinausziehen muss …**

Der Scherzkeks — **Du wirst lachen … ich verlass dich!**

Der Taktlose
(Du heißt Amelie) — **Lea, ich verlasse dich!**

Der Regionale — **Ick fin dir widerlich**

Der Internationale — **Fuck you!**

Der Lahme — **Pass auf dich auf**

... und sein amerikanisches Pendant — **Take care**

Der «Ich behalte dich in der Hinterhand» — **Eine Pause wird uns guttun**

Der Arschkriecher — **Ich habe dich nicht verdient**

Der Star Wars — **Es ist vorbei ... ich bin dein Vater**

Der Terminator — **Es ist vorbei, aber ich komme wieder**

Der Rio Reiser — **Es ist vorbei, bye bye**

Der Nerd — **Game Over!**

HUCH, ICH WURDE BETROGEN!

◆

Wir ersparen dir die Statistiken (die es sowieso nicht gibt). Aber wer den Tatsachen ins Auge sieht, kann wohl nicht leugnen, dass es schon mal geschehen ist, gerade geschieht oder irgendwann geschehen wird:

Du wirst betrogen

Das zu wissen bedeutet nicht, es zu akzeptieren. Ob du «Schwamm drüber» sagen willst, bleibt dir überlassen ...

Allerdings kannst du dich noch so sehr als Opfer fühlen, in deinem Umfeld wird es mit Sicherheit eine Zicke geben, die exakt die Worte findet, die du nicht hören wolltest:
«Wenn sich ein Typ woanders umschaut, bekommt er wohl zu Hause nicht, was er sucht.»
«Weißt du, ein Mann hat eben besondere Bedürfnisse ...»
«Stimmt, seit der Schwangerschaft hast du dich auch ein bisschen gehenlassen ...»
«Na ja, du arbeitest ja auch so viel. Wahrscheinlich hat er sich allein gefühlt.»
«Glaubst du, es hat etwas damit zu tun, dass du zugenommen hast?»
«Du bist ja auch ganz schön auf deine Kinder fixiert ... wahrscheinlich hat er sich da vernachlässigt gefühlt!»
«Ich muss zugeben, wir hatten alle unsere Zweifel und haben auch schon öfter darüber geredet ...»

Wir sind uns bewusst, was die Lektüre dieser Zeilen hervorrufen kann, aber sei nachsichtig gegenüber der Zicke ... Eines Tages wird sie an deiner Stelle sein.*

---

* Und dann kannst du dich freuen, hihi!

Regel Nr. 29

◆

Behaupte nie mehr:
«Ich geb alles auf! Ich bleibe hier!
Ich fahre nicht zurück nach Hause»,
wenn die Ferien zu Ende gehen.

BEZIEHUNGSENDE: DIE SIEBEN TRAUERPHASEN

◆

Das Ende einer Beziehung ist immer ein schmerzhafter Moment. Was gibt es Tragischeres, als nicht mehr geliebt zu werden? Auch wenn wir alle glauben, dass «es bei uns anders ist» und dass «die anderen es ohnehin nicht verstehen».
Oder schlimmer noch, dass «wir uns nie wieder verlieben werden, ganz sicher, nie mehr!».
Fest steht auf jeden Fall, dass wir alle die gleichen Phasen durchmachen.

Die berühmte Schweizer Psychiaterin Elisabeth Kübler-Ross beschreibt fünf Trauerphasen. Zusammen mit dem anfänglichen Schock und der abschließenden Neuorientierung lassen sich insgesamt sieben Phasen ausmachen:

1. Der Schock
2. Das Nichtwahrhabenwollen
3. Der Zorn
4. Das Verhandeln
5. Die Depression
6. Die Akzeptanz
7. Die Neuorientierung

Oder drastischer ausgedrückt:
1. «Ach du Schreck, Julien hat mich verlassen!!»
2. «Na ja, wirklich verlassen hat er mich ja nicht ... wir machen nur eine Beziehungspause.»
3. «Dafür wird er büßen, dieses Piiiiieeeep.»
4. «Vielleicht ist es ja besser so ...»
5. «Ich sterrrbe ...»
6. «In gewisser Hinsicht hat er mir damit sogar einen Gefallen getan.»
7. «Ich habe mich gerade auf einer Dating-Website angemeldet.»

BEZIEHUNGSENDE:
UNSERE SIEBEN TRAUERPHASEN

◆

So richtig Frau Kübler-Ross' Theorie auch sein mag, das alles bleibt doch sehr theoretisch …
Alternativ verweisen wir auf folgende sieben Phasen:

1. Die Mojito-Phase: «Auf, Mädels, heute Abend besauf ich mich!»
2. Die «Der wird schon merken, was er aufgibt»-Phase: «Ich werde ihn morgen sehen und UN-WIDER-STEH-LICH sein!»
3. Die Rache-Phase: «Ich werde mit seinem Kumpel Paul schlafen, nur um ihm eins reinzuwürgen!»
4. Die lahme Phase: «Verrückt, ich denke die ganze Zeit nur Junimond.»
5. Die erbärmliche Phase: «Ich war bei Douglas, um sein Parfum zu riechen.»
6. Die «Neuer Look für ein neues Leben»-Phase: «Ich lasse mir die Haare blond färben!»
7. Die Fun-Phase: «Los, Mädels, lasst uns eine Woche in den Club Med fahren!»

EX-VERHALTENSKODEX

♦

«Du sollst nicht begehren deiner Freundin Ex!»*
Evangelium nach Martine (der Legende nach ist dieses Evangelium bei einem Umzug verloren gegangen)

Exfreunde von Freundinnen genauso wie ihre Familienmitglieder bis einschließlich dritten Grades sind somit tabu.

Ausnahmen:
- Wenn die betreffende Freundin auch schon mit deinem Exfreund oder einem deiner Familienmitglieder losgezogen ist.
- Wenn die betreffende Freundin nur eine «entfernte Bekannte» ist.
- Wenn die betreffende Freundin eigentlich eine Zicke ist.

---

* begehren = sich erwischen lassen

Regel Nr. 30

◆

Sage nie mehr:
« Ich habe einen fetten Arsch », sondern:
« Ich habe einen Arsch wie Jennifer Lopez. »

DANK ...

♦

... geht an die «Woo-Girls», an Céline, Prunes, Audrey und Gaëtane für ihre Freundschaft, an Benj, Arek, Raph und Fanny, an die Mitglieder des «Conasse Comedy Club», an Christine Berrou[*], Bérengère Krief, Nadia Roz und Nicolas Vital, an Nabila für die Unterstützung, Christophe Absi für das Vertrauen und an all diejenigen, die Anregungen zu diesem Buch geliefert haben. Sie werden sich wiedererkennen!

---

[*] Nicht einem einzigen Tier wurde beim Schreiben dieses Buches Leid angetan.

Das für dieses Buch verwendete FSC®-zertifizierte Papier
Lux Cream liefert Stora Enso, Finnland.